精神科医が実践する

デジタルに頼らない効率高速仕事術

井原 裕

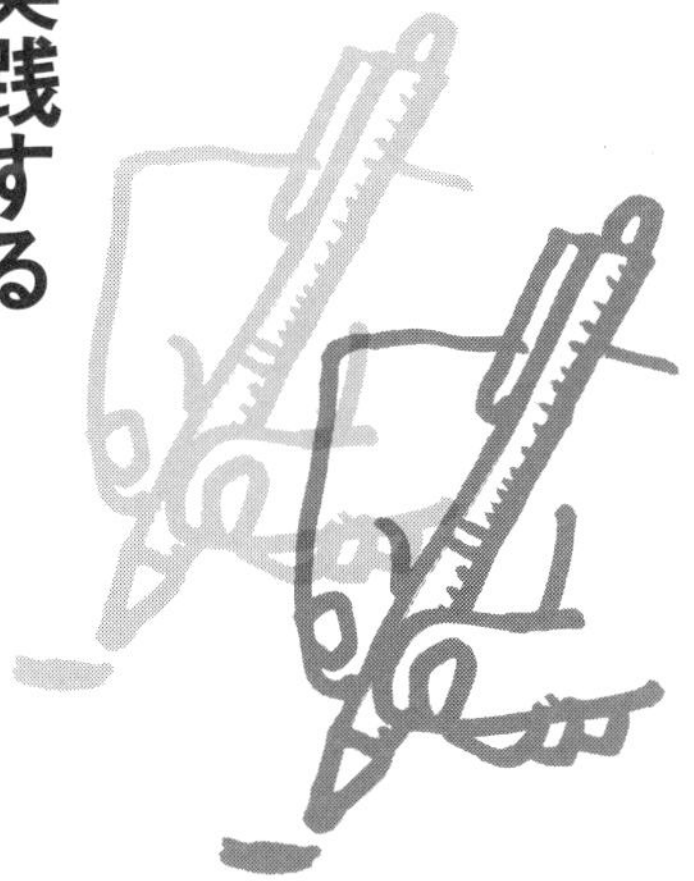

Discover

はじめに——精神科医の考える仕事の方法

本書は、仕事の方法について論じます。

主に①発想の管理、②書類の管理、③時間の管理の3点です。

そこには、精神科医としての私の知識と経験が反映されています。特に時間管理において、眠気の周期性という生理学的な法則性を考慮に入れた点が特徴と思われます。

私の場合、一般の精神科医と少し違うのは、診療所勤務でも、精神科病院勤務でもなく、大学病院勤務であるということ。さらにいえば、大学病院の教授職という、管理職にある点です。中規模以上の組織の、指揮系統の中の上といったところ、会社でいえば、おそらくは部長クラスの職位だと思います。

したがって、本書で述べることとなる仕事術は、通常の会社でいえば、課長職以上、つまり、中間管理職以上の人向きかもしれません。しかし、お若い皆さんにとっても、自分もいずれはこういう立場に置かれるわけですから、今からその準備を始めてほしいと思います。

仕事術の三要点

私は医師であり、精神科医ですから、**身体の法則性がいかに強力に思考を支配しているかを知っています**。したがって、根性論、気合主義を採ることはあり得ません。なぜなら、それらが、生理学的な法則性に反することを知っているからです。

私の場合、仕事術の核をなすのが、以下三点。いずれも適切な方法を採りさえすれば、実行可能です。根性や気合を必要とせず、無理なく、無駄なく、効率的な方法です。

- ①「アイデアはすべて5秒以内に手帳に記すこと」（発想の管理）
- ②「必要な書類の9割を30秒以内に机上に取り出せるようにすること」（書類の管理）
- ③「時間管理の中心に睡眠リズムを置くこと」（時間の管理）

第一の目的のためには、**24時間、ペンを挟んだ5号ノート（A6サイズ）を持ち歩いています。**

作業記憶（脳のランダム・アクセス・メモリー）に無駄な負担をかけないためです。「覚えておく」ための努力は、集中力を妨げますから、「忘れてはいけないが、いちいち覚えていられない」ことをすべてノートに記載し、次の瞬間意識の外に追い払うのです。

第二の目的のためには、書類のしまい方を工夫しています。**角型2号封筒を大量に使い、保管場所はすぐ手の届く、机の右袖引き出しに統一します。**整理の手間をかけず、書類を探す手間を少なくし、作業の流れを中断させないためです。

第三の目的のためには、「昼寝中心主義」。24時間から夜の睡眠7時間を引いた持ち時間は、17時間。この17時間の覚醒時間の中央、つまり、起床時刻から8～9時間後に昼寝の時間を置き、その前後にそれぞれ何をするか考えます。**集中力のピークを一日に二度以上作るために、休憩効率の高い昼寝をあえて覚醒時間の中央に置くのです。**

本書では、この三点を中心に、精神科医の経験を通して培った仕事の技術を紹介させていただきます。

第1章 発想の管理
——5秒以内に手帳に書き留める 039

第2章 書類の管理

——修正型『超』整理法を活用する 133

第3章 時間の管理
——睡眠を時間管理の中心に置く 181

序章

知られざる「白い巨塔」の日常

大学病院の管理職という仕事

本論に入る前に、私の仕事術のもととなった経験をご紹介します。

私の勤めているのは医科大学の附属病院、いわゆる大学病院です。大学病院のことは、俗に「白い巨塔」と呼ばれます。もとはといえば、山崎豊子原作の小説のタイトルでした。でも、テレビドラマ、映画などで取り上げられるうちに、この言葉は大学病院を意味する普通名詞になりました。

大学病院といえば、教授を頂点とするヒエラルキーをイメージするでしょう。しかし、その大学病院のキーパーソンである教授族が、どのような日常を送っているかは、あまり知られていません。特に、その業務の実態については、ほとんど知られていないといっていいでしょう。

大学病院の教授職とは、きわめて多数の、相互に関連のない業務を、締め切りに追われながら、並行して進めていく職種です。

獨協医科大学埼玉医療センター
私が勤務する「白い巨塔」？（大学病院）。

大学病院の医師は、皆、医師であるとともに、教師でもあり、研究者でもあります。

大学病院は、医師を育てる場。医師は世界最古の職業の一つであり、医学教育は世界最古の職業教育です。その伝統は、徒弟制度（アプレンティスシップ）、すなわち、「身をもって示す、見よう見まねで学ぶ」です。

医学生は研修医に教わり、研修医は指導医に教わり、指導医たちに指導の方法を指導するのは、研修指導医たち。そして、研修指導医たちを指導するのが教授の役割です。大学病院の医師は、その全員が同時に教師でもあるのです。

その一方で、大学病院の医師は研究者でもあります。診療が終わって、夜、研究室にこもって動物実験を行っている医師もいます。電車で研究所に行って、そこで深夜まで実験を行い、翌朝また、病院に戻って診療に従事している医師もいます。教授クラスになると研究の指導をする役割になりますが、私の場合、英文論文の執筆に関しては、今も自分で行っています。

管理職としての教授

しかし、教授の場合、これらの一医師としての役割に加えて、組織の管理職でもあります。医局員と呼ばれる部下たちをマネージし、同時に、学長や病院長といった上位の管理監督者にマネージされる立場でもあります。業務のうちのかなりの割合を占めるのが、マネージャーとしての仕事です。

そして、**管理職のつねとして、雑務を大量に抱えています**。医局のマネージャーとして、若手医師たちの入院診療や外来診療の指導、専門医の教育、学外業務管理、学外派遣の交渉、学会発表、論文執筆等の全般において、雑務を引き受けなければなりません。

自分の診療科の全診療活動の責任は、教授にあります。したがって、入院診療録、退院時病歴要約、入院治療計画書、当直日誌など、診療に関わる全記録をチェックして、押印します。医療安全の責任は教授にありますので、部下の発生させた医療事故も、すべて教授の責任で処理します。自分の診療科に寄せられた患者さんからの苦情に対しても、教授の責任で回答を作ります。

業務量は膨大で、毎日、書類仕事に追われています。分厚い資料の読み込み、資料作成、資料整理、メール受信、添付資料の印刷・整理、メール返信、電話対応、面会者対応を繰り返します。

管理職であるということは、報告・連絡・相談は、仕事の中核的な部分を占めます。上から降りてきた情報を下へ、下から上がってきた情報を上へ、というように、病院・医学部上層部と、現場の医師（医局員）との橋渡しをしなければなりません。

したがって、教授会などの会議に出席し、会議資料を精査し、内容を把握して、翌日、自分の科に関係する事項を医局員に伝達し、場合によっては、医局員との話し合いの結果を、さらに上司に報告します。庶務課、職員課、会計課、施設課、臨床研修センター、医療安全管理室等、院内の他部署との話し合いもあります。

来客も多様です。他の病院の関係者もいれば、製薬会社、医療機器メーカーの担当者もいます。県や市のお役人がお見えになる場合もあれば、学校関係者が来る場合もあります。私の場合、取材も多く、新聞、雑誌、テレビ、ラジオ等から記者がやって来ます。出版社の編集者が、本の計画について相談に来ることもあります。

私は司法精神医学を専門の一つにしているので、裁判関係者、警察関係者との面会もあります。持ち込まれる資料には、殺人事件の一件記録など、外に出せないものもあり、その保管には神経を使います。

こんな生活ですから、一日は、書類、資料、会議、メール、電話、来客で、あっという間に終わります。しかも、このような雑務を、診療、教育（指導）の合間に行わなければなりません。

私の場合でいえば、管理雑務は外来診療業務のない月曜・水曜・金曜の午前中に集中して行うようにしています。ただし、この3日のすべてが使えるとは限りません。週の初日の月曜には、院内で週末に発生した事案について、関係者を集めて緊急で非公式の話し合いを持たなければならない場合もあります。水曜日は、医療安全関係（私は、院内では「医

執務中の筆者
「白い巨塔」の実際はこのようなものです。

療安全管理室副室長」の立場にもあります）のホットな情報が入って、その報告事案が発生する場合もあります。金曜日には、月に一回、東日本大震災以来続けている、被災地精神科医療支援のために岩手に出張している場合もあります。そうなると、一週間分の雑務を半日×1ないし2回だけで、一気に片づけないといけません。

研究も、教授の大事な仕事のはずですが、私の場合、論文執筆は、勤務時間中に行うことは不可能で、すべて、夜か休日を使って行っています。

財前五郎だって書類に追われていたはず

これが、「白い巨塔」のリアルな姿です。

大学病院は、大学という学問の場である以前に、病院という現業があり、医療とその関連の業務とが交わる場です。「白い巨塔」の由来は、閉鎖的な大学社会を揶揄する「象牙の塔」だという説がありますが、象牙の白よりも、書類の束の白のほうが似合いそうです。管理雑務の書類の山が、巨大な塔のように積み重なっている感じです。

テレビドラマの『白い巨塔』では、財前五郎教授役を田宮二郎や唐沢寿明や岡田准一が演じました。手術、教授回診、症例検討会など、大学病院の定例行事が描かれ、そこでは財前教授の威厳に満ちた姿が映し出されていました。しかし、ドラマでは、書類、会議、メール、電話に追われる財前教授の姿は描かれていません（そもそも山崎豊子女史の小説の連載が始まったのは、昭和38年ですから、メールなどありません。前回の東京オリンピックを翌年に控えた年です。新幹線すら、まだない時代です）。

本当は、あの頃の財前教授だって、机に向かい、背中を丸めて、書類を文字で埋めていく作業を行っていたはずです。でも、そのようなシーンは、ドラマのなかでは出てきません。格好良くないから、場面としては使えないと判断されたのかもしれません。

握っているのは「絶大な権力」ではなく「膨大な書類」

教授会が終わり、上の階に向かうエレベータに乗り込ます。4階、5階と、止まるたびに患者さんが降り、看護師さんが降り、若い医師たちが降りていきます。最後に、最上階に向かう教授だけが残されます。この狭い空間の数秒間に、教授通しのホンネが語られます。

教授たちは、皆、水色の大型封筒を持っています。私どもの病院で「水色の封筒」といえば、それは学内用封筒。ここに、教授の処理すべき案件が束になって入っています。こういうときに自嘲気味に語られるのが、「俺たちって、財前五郎のはずだったよな」ということです。「教授になって、まさか、こんなに書類仕事ばかりやらされるとは思わなかった」、そう誰しもが語ります。その通りです。この膨大かつ煩雑な仕事は、教授になってみるまで誰も予想しなかったものです。

今だって、准教授以下の医局員は、誰も知りません。同じ建物にいながら、教授の仕事の何たるかを知っている人はいません。

結構、医局員を含む他の人のために粉骨砕身しているのですが、その実態が知られていないため、誰も教授に感謝なんかしてくれません。特に医局員のなかには、「この忙しいときに、部屋にこもって何をやっているんだ！」というような、非難がましい口をきく者もいます。

部屋にこもって怠けているわけではなく、大量の仕事をこなしている、しかも、その多くは医局員のマネージャーとしての仕事です。『この忙しいときに！』はないだろう。君たちのための仕事をしているんだぞ！」と言いたくもなりますが、詳しく説明するのも面倒です。結局のところ、教授の仕事の実態は誰の目にもふれませんから、わかってもらえていません。

教授というのは、その仕事の煩雑さを誰からも理解されることのない、まことに孤独な存在です。教授同士で、エレベータの数秒間に愚痴をこぼしあう以外に、わかってくれる人のいない、気の毒な存在なのです。

俗に、大学病院の教授は「絶大な権力」を握っていると思われています。しかし、ここには大きな誤解があります。実際には、握っているのは、「絶大な権力」なんかじゃありません。「膨大な書類」です。それも、握っているのではなく、握らされている、つかまされているのです。

ただ、教授たちは、それでもエレベータのドアが開けば、足早に自分の研究室へと向かっていきます。そこからは、孤独な作業が待ち受けています。管理雑務との格闘です。ため息をついている暇はありません。そんな間にも、新たな案件が発生し、新たな書類の束が届けられます。処理していかない限り、それは刻一刻と累積していくのです。

「白い巨塔」は「スーパー仕事人」の集団

このような過酷な日々を、私は40代半ばから任されていました。毎日が仕事の洪水でしたが、まわりの先輩教授たちを見ながら少しずつ事務処理能力を上げていきました。

その間に気づいたことは、「白い巨塔」の教授族とは、際立って仕事のできる人たちだということです。皆、それぞれの診療科で一流の臨床医であることはいうまでもありません。しかし、それにとどまらず、管理雑務の処理にしても、その迅速さ、正確さは驚くべきものがあります。

医師は一般に、子ども時代から過酷な受験勉強を乗り越えてきています。卒業後も国家試験、専門医試験、研究会、学会発表、留学などがあり、一年中、「試験前の学生」のような生活です。日々、多種多様な知的作業を繰り返していますから、事務処理能力ははなはだしく鍛えられています。

その医師集団のなかでも、選りすぐりのつわものが、教授族だといえます。白衣を着ていますが、背広に着替えさせれば、おそらくは皆、一流のビジネスパーソンになれるでしょう。「白い巨塔」の教授族とは、「スーパー仕事人」の集団だといっていいでしょう。

私自身は、教授族のなかにあっては平凡な存在にすぎません。

しかし、まわりがスーパー仕事人ばかりなので、そのペースに遅れないよう必死についていこうとしています。そのためには、それなりの工夫が必要です。仕事の技術を工夫しない限り、この激務の日々は乗り越えることはできないでしょう。

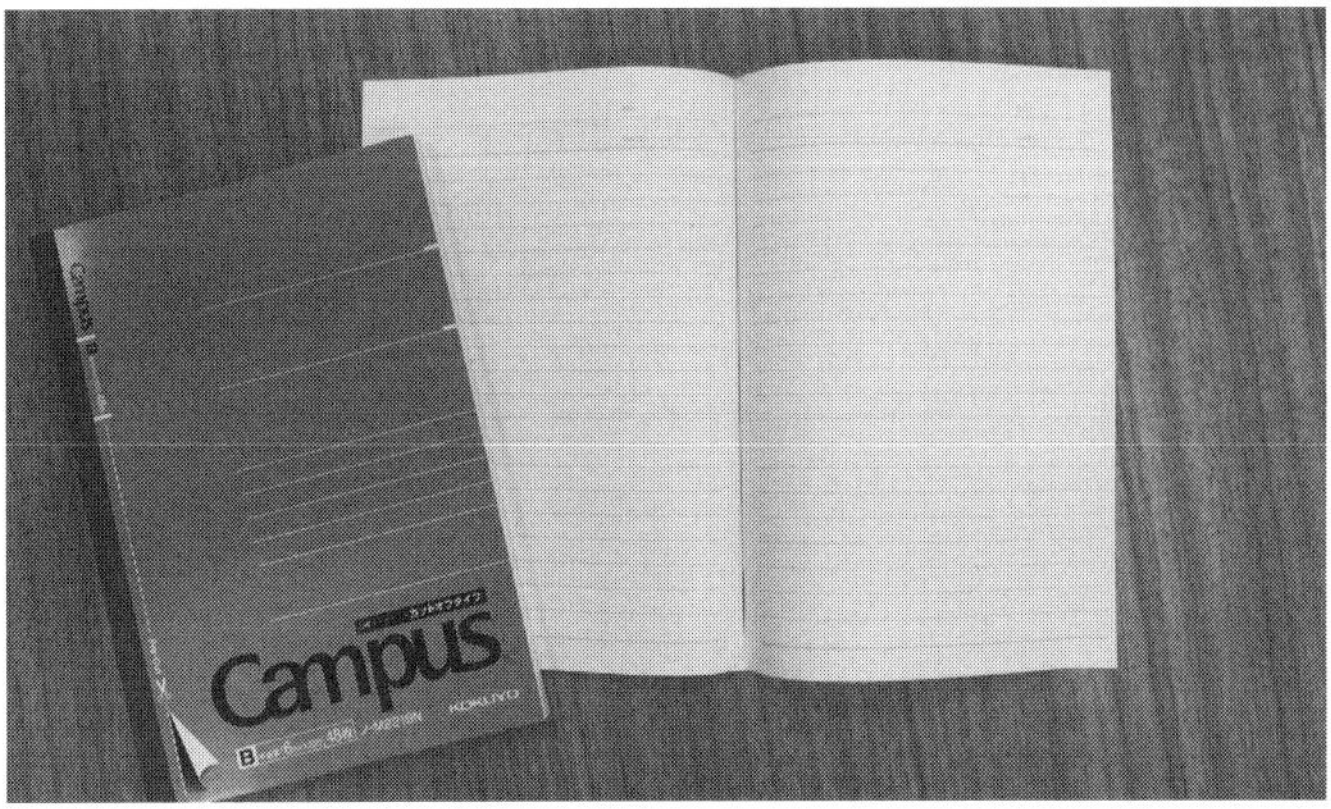

KOKUYO Campus ノート B 中横罫 A6
愛用の手帳（5 号ノート）です。

通勤電車のなかで仕事は始まっている

私の一日を紹介します。水曜日を例にとりましょう。

通勤電車のなかで仕事は始まっています。

胸の右ポケットにあるスケジュール帳（野口悠紀雄氏考案の『「超」整理手帳』）を見て、今日の日程を確認。

次いで、左ポケットに突っ込んである手帳（５号ノート：ＫＯＫＵＹＯＣａｍｐｕｓノートＢ、中横罫、Ａ６、１０５×１４８）を取り出します。見開き左ページの上部に今日の日付を書いて、赤枠で囲みます。そして、８時30分からの当科のカンファランスで部下に伝達すべき事項を箇条書きにしていきます。

時間が余ったら、手帳のページを前にめくって、未処理案件を一つひとつ確認し、今日すべきことのリスト（ＴｏＤｏリスト）を見開き右ページに箇条書きしていきます。

午前7時46分、最寄り駅の「新越谷」着。通路は、通勤客でごった返しています。ＪＲ武蔵野線「南越谷」駅から東武スカイツリーライン「新越谷」駅に乗り換えるために向かう人々、その逆の乗り換えをする人々、さらには、駅から徒歩で職場へと向かう人、バス停に向かう人、そのなかに、駅前に位置する私の職場へと向かう職員もいれば、患者さんもいます。

この混雑した駅の通路を歩いているときに限って、私の頭のなかには発想が浮かびます。そんなときは、人の波をよけて、急いで柱の脇に身を潜めて、そこで、左胸ポケットから手帳を取り出して、ペンを走らせます。ＴｏＤｏリストに追記したり、ページをめくって、新たな仕事の発想を書き留めたりします。

病院に着いて、エレベータを待つ。エレベータに乗る。この数十秒間もまた、不思議な

朝の新越谷駅
これほど混雑したなかでもメモを書き留めます。

くらい発想が浮かんできます。

そのつど、左ポケットの手帳に書き留めていきます。駅から教授室にたどり着くまでの10分間に、断片的ではありますが、仕事上のアイデアがいくつも浮かんできます。書き留めていくと、自室に着いた頃には、もう手帳が何行か、あるいは、何ページか進んでいます。

教授室に着いたら、白衣を着て、院内PHSをワイシャツの胸ポケット、スケジュール帳を白衣の胸ポケット、手帳を白衣の右ポケットに入れます。

左ポケットには、別の手帳（5号ノート）が入っていて、こちらには獨協の「獨」の文字が表紙に大書されています。これは、病院業務専用手帳。

患者さんに関する個人情報も記載されているため、自宅には持ち帰れません。白衣の左ポケットに入れたまま、白衣とともに施錠管理してあります。

朝のカンファランス

七つ道具を白衣のポケットに詰めて、いざ、救命救急センターへ。

センターの初期治療室を通り抜けて、カンファランス・ルームへ。初期治療室には、搬送されてきたばかりの患者さんがいて、スタッフが救命蘇生の真っ最中であることもあれば、救命処置もかなわず、ご遺体がご遺族の到着を待っている場合もあります。

この隣室で、8時から救命救急センターの朝のカンファランスを行います。

救命救急センターでは、救急医たちの会議が2時間ほど行われますが、その前半5～10分ほどで精神科関係の事例についてディスカッションします。昨日から今朝にかけて、自殺未遂、自傷行為、せん妄、興奮、うつなど、精神科医が関わるべき症例がなかったかをチェックします。

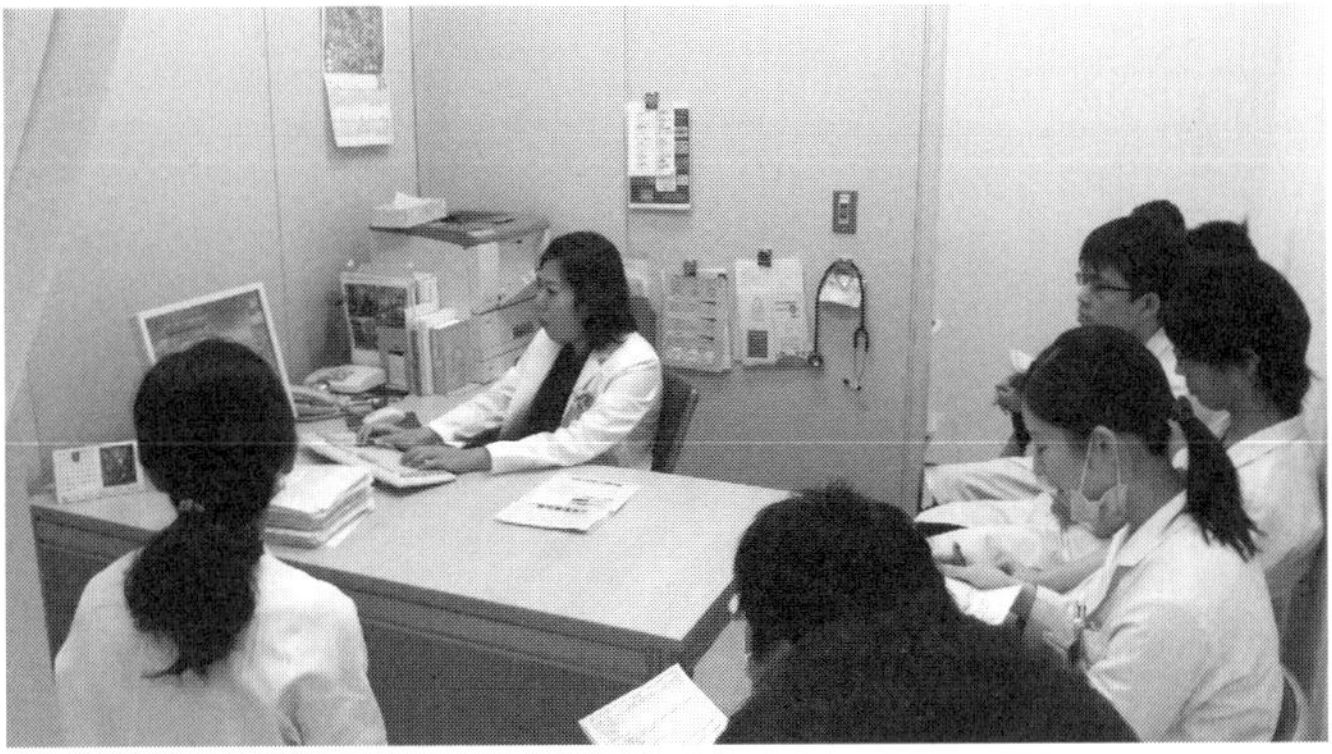

「こころの診療科（精神科）」のカンファランス風景
短い時間に端的に部下へ指示を出します。

救急科の担当医に、処方プランなど現時点でできる対応を手短に伝えて、「あとは、当科に持ち帰って検討します」と返答します。

そして、急いで「こころの診療科」（当院では「精神科」をこう呼んでいます）の外来へ。

8時30分から朝のカンファランスが始まります。まず、救急センターの事例について説明し、「伊藤君（仮名。以下、固有名詞は原則として仮名です）、今日外来の診療ないだろうから、君、救命救急センターに行って、第3ベッドに自殺未遂の草加二郎さんがいるから、様子を診てきてほしい。そろそろ意識が戻るころだと思う。ご家族にも会えたら会うこと」などと伝えます。

その後、院内で発生した案件に関して、当科に関係することを報告します。たとえば、前日に診療統計関係の資料が配られてきた場合、そこで記録された当科の経営指標について報告します。

「このところ逆紹介率（大学病院から市中病院への患者さんの紹介に関する指数）が落ち気味だ。地域に返せる患者さんは、すみやかに返すように」などと指示します。

また、「山口君、庶務課あての報告書の下書き読んだ。内容はおおむねいいが、タイプミスが多い。一度、印刷して、紙で確認して、修正しろ。あとはそのまま提出していいと思う」、「福島さん、書きかけの総説論文だが、前半はいいが、後半が薄い。２０１３年のLoprestiらの論文をもう一度チェックして、そこで引用されている論文をアブストラクト（要旨）でいいから読んでみろ」などと、指示を出します。

これらの指示事項は、通勤電車のなかで手帳にリストアップしていました。手帳を見ながら矢継ぎ早にこういう指示を3、4件伝えた後、症例検討会に入ります。

症例検討会では、今日、当科外来に受診予定の患者さんについて、議論します。新人医師の井上君が「本日、越谷太郎さんが受診予定です。56歳男性、うつ病、1か月前に職場でパワハラに遭い、以来抑うつ的で……」などといった症例提示を行い、それに対して議論が始まります。

最近は、細かいコメントは中堅の指導医たちに任せていますが、彼らが気づかなかった点について補足的にコメントします。たとえば、「奥さんに一回会っておけ。仕事を休みがちになって、自宅ではどう過ごしているんだ？　家での様子を把握しておく必要があるだろう」、「会社側の動きはどうだ？　診断書か、産業医あての診療情報提供書を書いてみて、会社の反応を見よう」などといった注意を伝えます。

朝のカンファランスで数例のケースについて議論した後、「よし、終わり。一日頑張ろうぜ」と言って閉会宣言。外来担当医は直ちに診察を開始し、私は階段を駆け上って医療安全管理室へと向かいます。


私は当院では医療安全管理室副室長という立場でもあります。

9時から、医療安全担当の課長から、過去1週間に発生した事案についての報告を受けます。そして、室長を中心に一つひとつの事案について検討します。その際、関係者と協議する必要のある事案については、手帳に記録を残し、誰と、何について、話し合うかを明確にします。必要があれば、その場で内線電話をかけて、事実関係の確認を行います。

そして、委員会の議事、他大学病院訪問の日程調整、などの打ち合わせを行って終了。

ある日の業務処理

9時50分ごろにようやく自室に戻り、ここからが本格的な執務の始まりです。

デスクトップ・コンピュータを立ち上げて、机右袖のファイルキャビネットを開錠し、ゼムクリップ、学内用封筒、未処理書類、キーボード、マウス、ボールペン、ごみ箱などをいつもの位置に置きます。

そして、手帳の右ページのＴｏ Ｄｏリストを見ながら、難物から片づけていきます

たとえば、患者さんの春日部藤子さんが、在学中の高校から海外短期留学に行くことになったので、英文診療情報提供書が欲しいと希望していた。

それで、自室の電子カルテ端末で藤子さんの病歴を見ます。そして、本やインターネットで英文診療情報提供書のサンプルを参照しつつ、英文で病歴をまとめていきます。

それが済んだら、次。

執務室のデスク周り
必要なものを定位置に置きます。

このほど発生頻度の低い全身系統疾患○○症候群に関して、院内で複数診療科が関わる診療チームを作ろうという動きが始まり、当科も関わるようになりました。

となると、○○症候群の精神症状・行動症状について、情報を集めなければいけません。Google Scholar（論文検索エンジン）で、○○syndrome behavior reviewの語で検索して、論文を閲覧。オンラインで入手可能な論文については、ハードディスクに保存して、必要に応じてプリントアウト。

詳しく読むのは後回しにして、とりあえず、角型2号封筒（タテ332ミリ、ヨコ240ミリ。A4書類が入るサイズ。これについては第2章で詳述します）に入れ、「○○症候群　行

動症状　総説」などと記して、机の右袖キャビネットにしまいます。

次いで、投稿中論文の海外の学術誌の出版元からデータ利用可能性についての問い合わせがあったので、部下の佐々木さんに「内容を精査しておいてほしい」とメールで指示。

それから、慢性疼痛が専門の内科医吉田ドクターが共同研究の話を持ち掛けているので、彼の研究計画素案を読んでみます。そして、実現可能性について検討して、メールに感想を書いて送ります。

当科の若手の渡辺君が来月、都内の某医科大学精神科へ見学に行くことになったので、先方教授あてに挨拶状を作成。

留学中の山本さんが、2日前のメールで、現地での研修に関して推薦状が欲しいと言ってきていました。そこで、英文推薦状の作成。

他県の病院に出向中の小林君の仕事ぶりについて、院長から苦情があったので、さっそく院長に謝罪の電話を入れて、その後小林君から事情を聴く。

県内の某保健所から、思春期心の健康相談事業に関して、講師派遣の要請があったので、電話を入れて、内容等の打ち合わせを行う。

11時過ぎになると、秘書さんから電話があって、「書類がいくつかあります。それと、郵便物も届いています。今からお持ちしますので」と言ってきます。

秘書から届けられる物を確認。押印すべき書類はその場で押印。


そこから水色の学内用封筒の処理にかかります。

医療安全管理室からの週報のチェック、臨床研修センターから研修医の研修評価表の記入、庶務課から送られてきた「皆様の声」(苦情)への回答作成、医療相談部から依頼された診療科紹介ホームページ用原稿の校正、新設される委員会への当科委員の推薦、臨床研修センターから見学希望者の情報が送られてきたので、それに返答する。


そして、電子カルテ端末を立ち上げて、一週間分の障害者年金(精神の障害)用診断書、精神保健福祉手帳用診断書、自立支援医療(精神通院)診断書、介護保険主治医意見書などを記載します。

それから、ちょうど同時期にさいたま地方裁判所から医療観察法審判という非公開裁判の審判員を頼まれていて、その事例についての裁判官との電話会議を翌日木曜日の17時に控えていました。

木曜日は朝から17時まで、外来が続くため、水曜日のうちに十分準備をして、翌日の会議に備えなければなりません。そこで、一件記録を読み込んで、大事なところに付箋を貼り、議論になりそうなところをピックアップして、裁判官から聞かれそうな点について、大雑把な回答案を作っておきます。

一件記録は、殺人事件に関する書類のような物騒な場合もあるので、他の書類と一緒にせず、別のキャビネットに厳重に施錠管理します。


そして、先週応えた某月刊誌のインタビュー記事に関して、メールで校正原稿が送られてきたので、それをチェック。一部、修正をお願いして、修正案をワードで作って、メールに添付して送信。

本日、全国紙某新聞に精神保健法制度についての私の見解が写真入りで紹介されていたので、その内容を理事長、学長、病院長といった上司にメールにて報告。

それが済んだら、4か月後の研究会で、私が講演する分に関して、演題をいくつか考えておきます（メールは後ほど送る）。

こんなことをしていたら、たちまち12時ごろになってしまいます。その頃になると、ＰＨＳが鳴って、若手医師から「初診の患者さん、少々難しいので、先生診ていただけませんか。早々に会社あてに診断書を書いてほしいとおっしゃっていて……」などと言ってきます。「わかった。診断書は安易に書くのは危険だ。まず、俺が診るから10分待たせておいてほしい」などと言う。処理しかけの書類を一段落するところまでは書き終えて、角型2号封筒に入れて、机の右袖の引き出しにしまいます。そして、急いで外来へ向かいます。

こうして、水曜午前の時間は過ぎていきました。午後は、会議があるので、管理雑務を処理する時間はなさそうです。

以上は、外来診療業務がない日の場合です。診療がある日は、管理雑務を行う時間もなければ、精神的な余裕もありません。管理雑務を消化できる日も時間も限られているので、短期間に集中的に行わなければなりません。

報告・連絡・相談

以上を見ればおわかりの通り、私の仕事のかなりの部分を報告・連絡・相談が占めます。教授という職種は、おそらく企業でいう事業部長クラスだと思いますが、常時複数のアジェンダを抱えていて、かつ、その各々が独自の人間関係ネットワークを形成しています。

たとえば、朝の医局でのカンファランスを例にとれば、逆紹介率の問題は当科のすべての医師たちに関わりますが、その上部には病院幹部の指示があり、かつ、逆紹介率をモニタリングしている外部監督機関の存在があります。また、紹介先の地域の病院・診療所があります。

山口君が作成中の庶務課あて報告書に関しては、診療統計をまとめて、報告書を作るよう指示している庶務課があり、その背後に病院に対して実績を示すよう求めている、やはり外部の監督機関があります。

福島さんとの共著の総説論文については、依頼元の出版社があり、また、そのトピックに関して私どもに論文を依頼してきた編集員がいて、また、学界の関係者の目もあります。

医療観察法審判の仕事なども、私は長くこの仕事に関わってきているので、裁判官、事務官、あるいは、入院先医療機関とのネットワークのなかに、自分自身がすでに絡み取られています。

それぞれのアジェンダがそれぞれの人的ネットワークを作り、人的ネットワークが新たなアジェンダを生む。しかも、それらのアジェンダが交差するポイントに自分が位置している。サッカーでいえば、ボランチのようなものであり、ボールはすべていったん自分に集まり、自分がパスを出さないと、ゲームが進まない。そんな、立場に私は置かれています。パスを受け、パスを出す。それが、報告・連絡・相談ということです。それらを確実に行うためには、発想・書類・時間のそれぞれにおいて、高度の管理能力が必要とされることになります。

組織に生きるとは、**コミュニケーションと意思決定に関わる**といってもいいでしょう。特に所属長の場合には、科の中長期的なビジョンを打ち出し、現場の意思決定に関わり、現場の問題を吸い上げて経営陣に伝達し、同時に経営陣の意思を現場に伝えます。自分の科の医局員の診療活動をモニターし、助言し、指導します。

こう考えてみると、私自身の課題もわかってきます。それは、**現在進行中の複数のアジェンダの全体像を把握しておくこと**、さらには、それぞれのアジェンダの形成する**人的ネットワークをモニターする**ことです。報告・連絡・相談がなぜ必要なのかと考えてみると、それは、それらを通してアジェンダの進捗について確認し、さらには、人的ネットワークのメンテナンスを測るためだといえます。早い話が、どの企画がどれくらい進んでいて、どれくらい遅れているか、そして、関与するメンバーの誰が着々と進めていて、だれが遅々としてはかどらないか、誰が勤勉で、誰が怠惰かを、チェックすることです。

さらには、それらのアジェンダに関して、重大な問題が生じているとすれば、それを早めに監督管理者に伝えること、自分で御しきれる限度を超えてまで抱え込まないことだと思われます。

さて、いよいよ、これから発想の管理、書類の管理、時間の管理について述べていくわけですが、それらの管理が必要な理由は、今述べたようなアジェンダの把握とネットワークの維持にあるといっていいでしょう。

第1章

発想の管理
——5秒以内に手帳に書き留める

「発想には管理が必要だ」という発想をもつ

「発想の管理」という言葉で、インターネットで検索してみても、何も引っかかりません。「発想には管理が必要」という発想自体、おそらく誰もしていないことでしょう。

しかし、発想というものは、暴れ馬であり、どう手なずけるかは重大な課題です。発想は、思いもよらぬときに浮かび、一瞬で消えてしまいます。発想を得ようと努力してはいないときに、浮かんできます。

昔から馬上枕上厠上といわれていましたが、今だって、電車のなかや、布団のなかや、トイレなどでアイデアが浮かんできます。

発想はタイミングを選ばない

しばしば、発想は最悪のタイミングで浮かびます。場所も時間も選びません。私自身も困った経験がたくさんあります。

ある訪問客と対応している最中に、うまく書けなくて苦しんでいた論文の一節が突然浮かんできたことがありました。患者さんとの外来診察のさなかに、翌日の会合で頼まれているスピーチのジョークのネタが浮かんできたこともありました。裁判所で医療観察法入院（司法手続きによる強制入院）に関わる重大な会議が佳境に入ってきたころ、唐突に、前日の某教授からの献本に対するお礼の言葉の一節が思い浮かんできたこともありました。

目の前にいる方に失礼なので、雑念は排して、面談なり、診察なり、会議なりに集中しなければなりません。たとえ、そのアイデアが素晴らしいものであったとしても、今のこの状況にあっては、それらは「雑念」にすぎません。

だから、こういうときにアイデアをつかみそこなうことはしかたないと思います。

でも、実際は、**偶然のタイミングで浮かんできたアイデアは、優れたものが多い**のです。うまく書けなくて机でウンウンうなりながら考えて、やっとできたものは、そもそも大したものではない。

だから、あのときの、あのアイデアを捕まえておけていたら、論文はうまく書けただろうし、スピーチで皆さんを笑わせることもできただろうし、某教授へのお礼状も気の利いたものになったはずです。

気まぐれな訪問者をどうとらえるのか？

ともあれ、発想とは突然訪れ、一瞬で去っていく嵐のようなもの。

現れるときはあつかましいほどにずかずかと頭のなかに入ってきて、それまでのテーマをわきに追いやって、脳を占拠します。

しかし、脳内を暴れ回って、狼藉を働いたのも一瞬で、気づいたときには、あとかたもなく消え去って、あとは「何だったんだ、あれは」という呆然とした感覚だけが残ります。

しかし、わずかな時間であれ、一瞬浮かんだときは、「これで論文は書けるぞ」「明日のスピーチは大丈夫だ」「教授へのお礼もこれで完璧だ」と思います。

そもそも、その数秒間は、論文の一節、スピーチのオチのつけ方、お礼状の文面などが、何の苦もなくすらすらと浮かんできます。言葉や、イメージが躍るように浮かんできて、それらをつなぎ合わせさえすれば、知的で、おしゃれで、ウィットに富んだものが出来上がります。

何かを作り出そうと苦労することなく、しかし、実に質のいい、ちょっとした知的創造が行われる……。

少なくとも、そうなるはずだったのです、もし、あのとき、メモを取れておれば！ では、発想という気まぐれな訪問者にどう対応するか。「発想に管理が必要だ」とはこういうわけです。

突然浮かんだ発想を逃さず捕まえる

私の経験でも、発想というものは、妙なタイミングで浮かんできていました。突然巡ってきた僥倖をうまくとらえて、大して苦労もなく一仕事済ませることができたこともありました。

一例として、手術室での印象的な経験があります。

私は、精神科医として3年の訓練を受けた後、身体管理を学ぶ必要性を感じて、3か月麻酔科の研修を受けたことがあります。そのとき、同時進行で精神科の学会に演題を出していました。

ある朝、麻酔の準備を素早く済ませて、患者さんの入室を待っていましたが、その10分程度の待機時間に、学会の抄録の文章が突然浮かびました。

それで、とっさに手術室にあった注射処方箋を失敬して、そこに文章をまとめました。800字程度の抄録だったと思います。もちろん、あとで文献を調べたり、細部を修正する必要はありましたが、抄録の骨格は、その場でできてしまいました。

そして、処方箋を折り曲げて胸ポケットに入れて、患者さんが入室したら、素知らぬ顔でいつも通りの麻酔処置を行いました。


これは、たまたまうまく発想を捕まえられた例です。

麻酔科での研修も終わりに近づいていてある程度余裕がもてていたこと、これから始まる手術がそれほど麻酔に関してハプニングが起きそうにないものであったこと、事前準備が早めに終わって通常よりも待機時間が長くなってしまったことなど、いくつかの偶然が重なったように思います。


野口悠紀雄氏は、発想への対応を、「ひらめき捕獲システム」(『「超」整理法』中央公論社、1993年)と呼んでいます。

その方法を、野口氏は「特別のメモ帳は作らずに、手帳のうしろに書けばよい」と言っています。そして、手帳を持ち歩いていないときは、「家のなかや研究室内では、紙片にメモを書く場合がかなり多い（コピーの反故を切って、ダブルクリップで挟んだものを、さまざまな場所に置いておく）」と言っています。

理由は、「詳しく書く必要はないので、いくら書いても大した分量にはならない」から、とのことです。

でも、果たして、本当に「大した分量にはならない」でしょうか。とんでもない。膨大な分量になります。

私の場合、朝のトイレのなかで、通勤電車のなかで、駅の雑踏のなかで、エレベータを待つ間に、病院の廊下を歩いているそのときに……、小さな発想は次から次へと浮かびます。それらの一つひとつは、たしかに「大した分量にはならない」でしょう。

でも、一日のなかで、何度も、意表を突くように発想が浮かびますから、合計すればかなりの分量になります。到底、一年物の手帳のうしろに収まるような量ではありません。

野口氏自身も、発想の量が本当は結構な量になることに気づいていたようです。「……

普通の手帳のメモ欄は、分量に限度がある。このため、『メモ用紙を節約しよう』という心理がどうしても働いてしまう」と述べています（『続「超」整理法・時間編』中央公論社、1995年）。

それで、一年物の手帳のメモ欄ではなく、使い捨てのメモ用紙の活用を推奨しているようです。その際、「一日中どんな場所にも手帳を持ち歩くわけにはいかないからだ」としています。

しかし、実際には、「一日中どんな場所にも手帳を持ち歩く」ことは難しいことではありません。現に、私は、長年そうしています。私は、**あえて「一日中どんな場所にも手帳を持ち歩く」べきだと思います。それも手帳だけでなく、ペンを挟んだ状態で、**です。

それは実に簡単です。要は、「一日中どんな場所にも持ち歩く」ことが可能な、安くて、小さいノートを使えばいい。そして、かさばらない細身のペンを挟めばいいだけです。

一日中手帳を持ち歩く

私は、実際に、一日中、一年中、どんな場所にも手帳を持ち歩いています。

多種多様な仕事を同時並行で進めていかなければならない立場である私にとって、仕事に関わる発想をどう管理していくかは死活問題です。

そのアイデアは、いつ湧き上がるかわかりません。いつ湧き上がっても対応できるようにするには、「つねに手帳を持ち歩く」、それ以上の方法はないと思います。

私の場合、5号（A6：148×105）ノート一冊、これにペンを挟んだものを使っています。これを、スケジュール帳（私の場合、野口悠紀雄氏考案の『「超」整理手帳』）とは別個に、持ち歩くのです。

本書で、「手帳」という場合、5号ノートのほうであって、スケジュール帳のほうでは

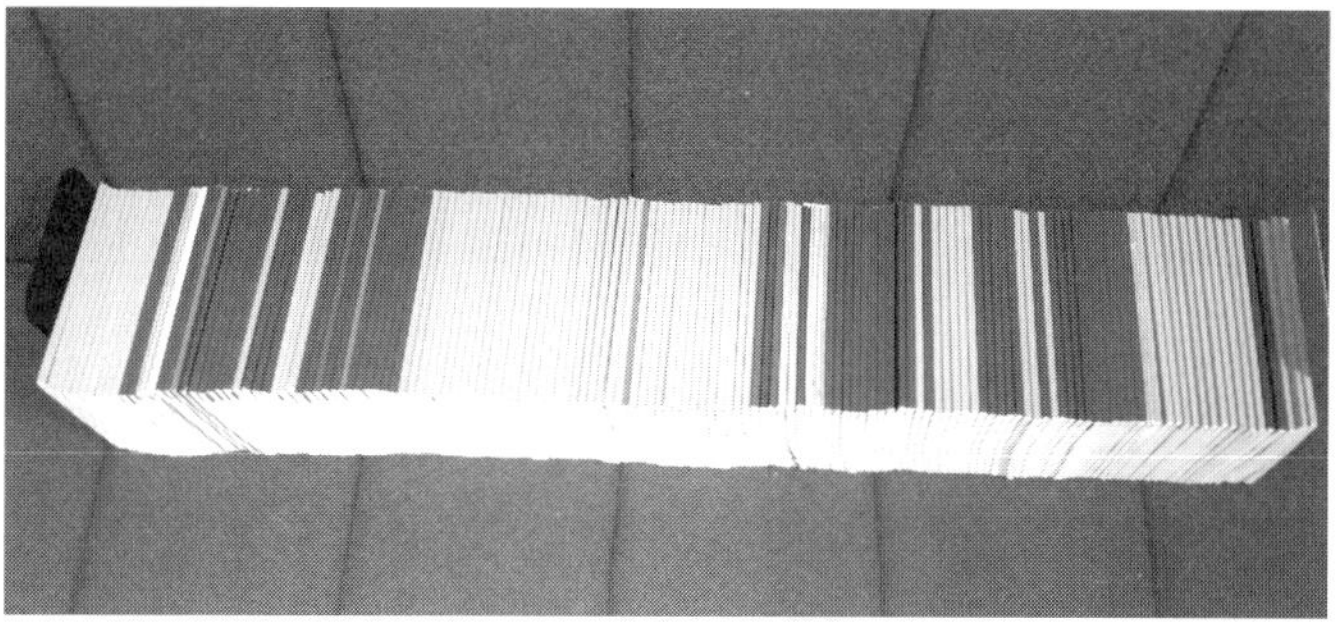

20年使ってきた5号ノート（一部）
肌身離さず持ち歩き、2、3週間で使い切ります。

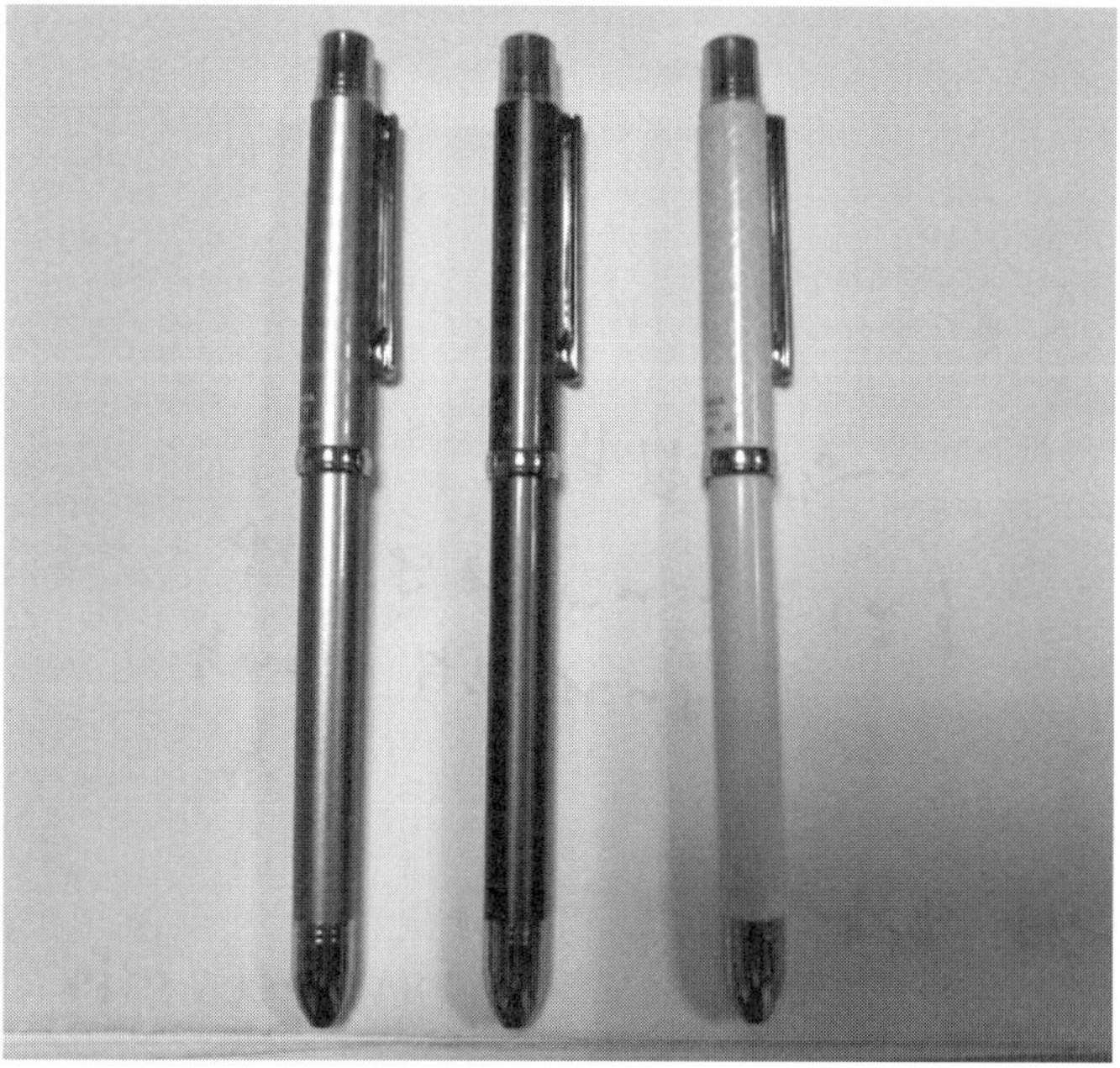

愛用のゼブラ・スラリシャーボ2000
ノートだけでなく、ペンもこだわっています。

ないとご理解ください。スケジュール帳の裏の方にあるわずかばかりのメモ・スペースでは、本書で問題にしている「発想の管理」の役は務まりません。

さて、この5号ノートを持ち歩く習慣ですが、私はこれを20年来続けています。思いついたことは何でも書き込み、ページを惜しむことなく、1ページ1トピックのような感じで書き込んでいって、2、3週間で使い切ることを繰り返しています。

ノートの形式や、挿入するペンについても、統一化しています。前者は、「コクヨのキャンパスノートB中横罫　6㎜×21行、48枚」、後者についても、ここ数年は、軸径が10・3㎜と極細のゼブラ「スラリシャーボ2000」というのを使っています。

大量消費に耐えるよう、「コクヨのキャンパスノート」は、消耗品として束で購入し、常備しています。「スラリシャーボ2000」に関しても、赤と黒の替芯を箱単位で大量に購入しています。

今日書くところにペンを挟んでおく

ペンを挟む、しかも、**今日書くところに挟んでおく**というのも、大切なポイントです。発想が浮かんでからメモを取るまでの時間を最小化するには、この方法が一番です。発想が浮かんでから、ペンを探していてはもう遅い。ともかく、直ちに書き込む。タイムラグは5秒を切るくらいでないといけません。

電子手帳や携帯用コンピュータは、この点では問題外です。思いついてから、記録までの時間がかかりすぎます。カバンから取り出す時間、立ち上げに要する時間、入力の手間、こんなことに10秒以上もかけているようでは、話になりません。

廉価の手帳を使っている理由は、短期使用、大量消費を前提としているからです。

この目的のためには、メモ用紙を活用している人も多いでしょう。でも、**メモ用紙や紙片の場合、散らばってしまうのが欠点です。**

ポケットのどこかに入れて、そのうち、入れたこと自体を忘れてしまいます。

「どうせすぐ捨てるから」紙切れを使っているのでしょうけれど、「どうせすぐ捨てる」ならば、紙片でなく、廉価の手帳でも同じことだと思います（ちなみに、私は一応、捨てないで保管していますが、再読することは多くありません。捨ててもいいかもしれません）。

私は、いつも安物の汚い手帳に細かい文字を書き込んでいます。

そんな私を見て、ある人が「ゴッホやヘミングウェイも使ったから」ということで、モレスキンのおしゃれなノートをプレゼントしてくださったことがありました。でも、残念ながら立派すぎて私には使えませんでした。

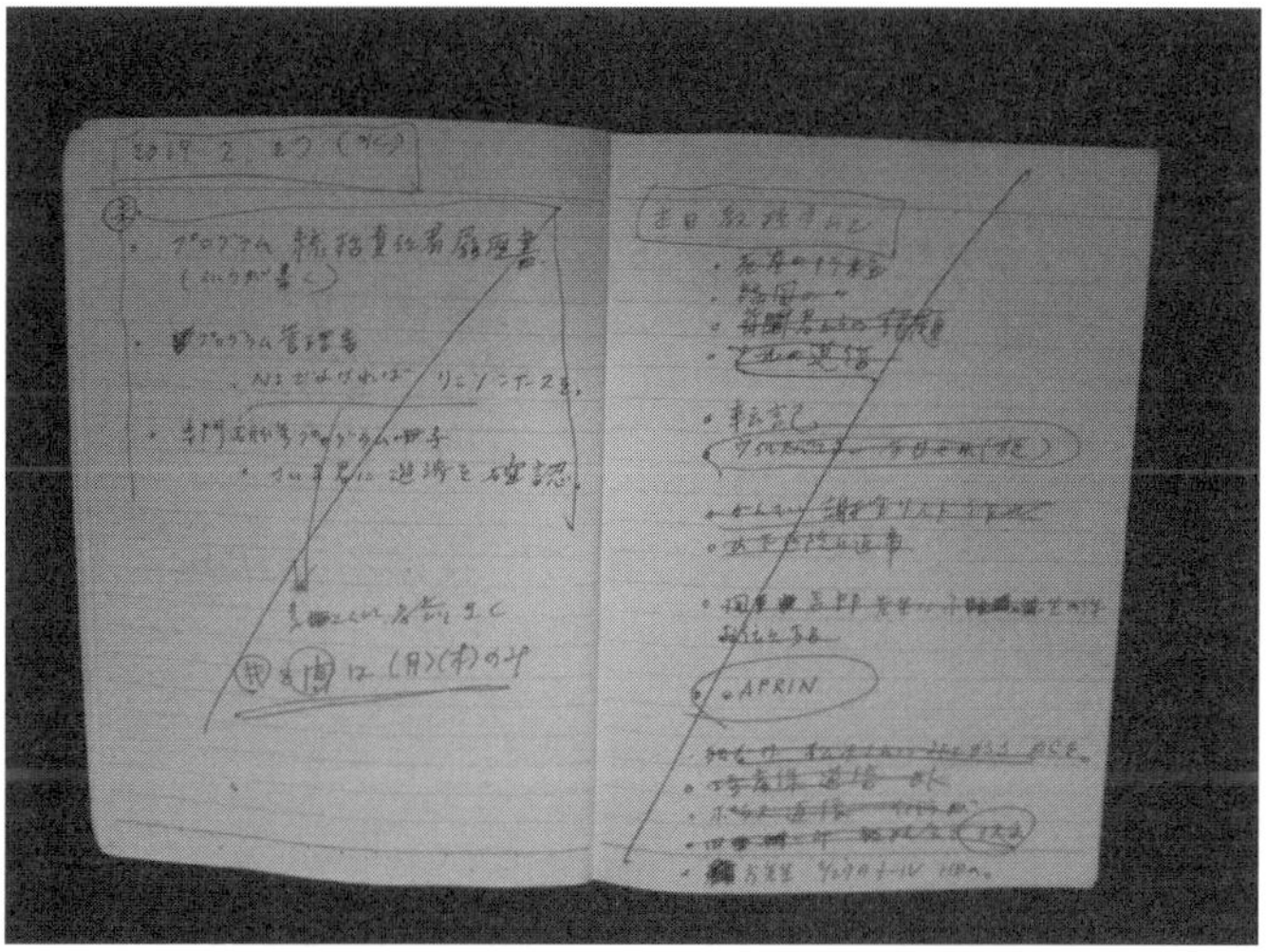

二重線で消したページ
完了した案件は忘れずに二重線で消します。

私の場合、永久保存版として手帳を書いているわけではない。記載内容はすぐに処理すべき案件ばかりですから、**2、3日以内に処理して、直ちに二重線で削除します。**記録として残すべき重要事項は、自分のコンピュータに転記します。

思い浮かんだら書き、処理したら消すということを続けています。毎日の仕事は、この繰り返しですから、手帳なしでは一日も過ごせません。

といっても、手帳は一冊を2、3週間で使い切ることを前提に使っています。

だから、安物で十分です。安物でなければ、大切に使おう、丁寧に書こうとして、かえって気軽に使えなくなります。

大きすぎない、小さすぎない5号ノートが最適

5号ノートは、タテが148ミリ、ヨコが105ミリ。紙でいえば、A6サイズ。本でいえば、文庫本サイズです。

厚さは普通の文庫本よりはるかに薄く、イメージとしては、岩波文庫のもっとも薄いものだと思ってください。ですから、どこのポケットにも入ります。

ただ、作りは文庫本より頑丈で、表紙、裏表紙、背表紙ともに文庫本より厚く、乱暴な使用にも耐えられるようにできています。

私はこの文庫本サイズの手帳を、ワイシャツの胸ポケットや、ズボンの尻ポケットに入れて、常時持ち歩きます。

その上、ペンを挟んでいますから、手帳はたちまち波打ってしまいます。その傷みを最

小限にとどめたくて、細身のペンを使っているというわけです。

5号の大きさ（A6：148×105）は理想的です。**これ以上大きいとポケットに入らない。これ以上小さいと、左手に持って書き込むのに苦労します。**

この大きさだと、満員電車のなかでポケットから取り出して、立った姿勢のまま、書くこともできます。歩いている最中に、アイデアが浮かんだらすぐ書き留めることもできます。赤信号で待っているとき、エレベータのなか、電車のプラットホーム、いつでも、どこでも、発想が浮かんだら、すぐメモを取ることができます。

新幹線や飛行機のテーブルに手帳を置いて、ノート型コンピュータに打ち込むというような場合、手帳は小さいほうがいい。その意味でも、5号が一番手ごろでしょう。

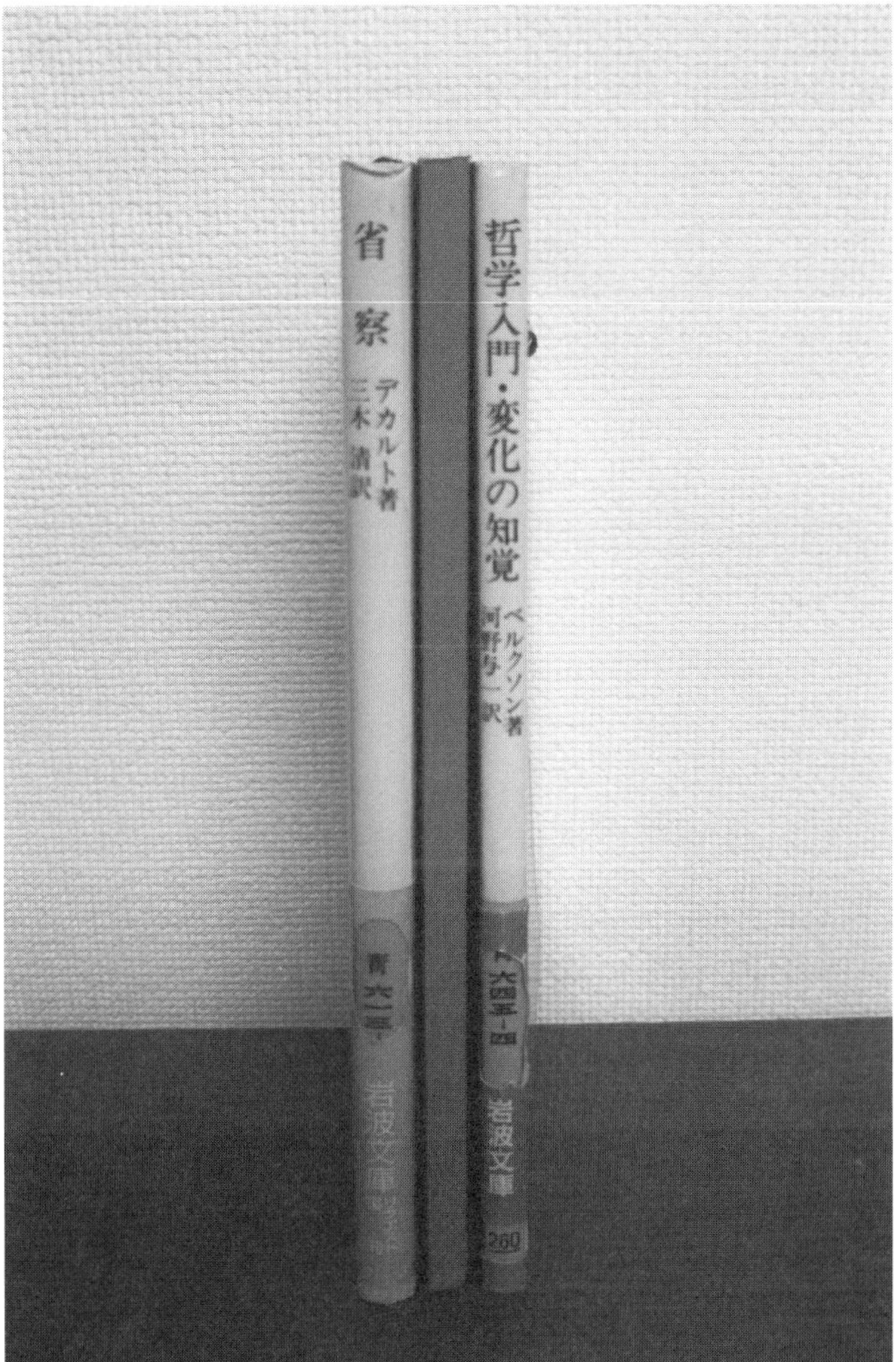

5号ノートと岩波文庫
このノートは、文庫本より薄いのに頑丈。

メモは時系列に書いていく

医者はカルテを書きます。カルテというものは、〈令和元年7月25日〉のように日付を書いて、その日の記録を書いていき、翌日は翌日の日付で書いていく、というように、ただひたすら時系列で書いていくものです。

トピックごとに書くページを変えたりはしません。看護師の記録は、そのさらに上をいっていて、時間・分まで記入して、やはり、時系列に経過を書いていきます。

私ども医療人は、時系列に物事を記録するという習性が染みついています。だから、手帳も、ひたすら時系列に書きます。看護師たちのように時間・分までは書きませんが、ともかく、その日の最初に、新しいページの左上・余白に〈R1・7・25（木）〉などと大書して、赤で囲む。

そして、その下の行から、ひたすら書き込んでいきます。その日に思い浮かんだことは、その日のページに書き、翌日の26日に同じテーマで思い浮かんだことがあったとしても、25日の記述に書き足すことはせず、あらためて、7月26日のページに書いていきます。

手帳の表紙には、「R1・7・25－」などと開始日がマジックで太々と書いてあります。使い切ったら、「R1・7・25－8・11」などと記します。

表紙をめくって、最初の右ページに、〈持ち越し案件〉として、前ノートからの未処理案件をリストアップ。

一枚めくって、最初の見開きの左ページの上余白に〈R1・7・25（木）〉と記して、赤で囲み、あとはその日のToDoリストが記されています。

作業記憶の節約のため忘れるために書く

何を書くか。それは、頭に浮かんで、忘れそうなことのすべてです。

書いたら忘れてもいい。むしろ、書いた瞬間に積極的に忘れるようにしています。自分の実感としては、**「頭のなかから追い払う儀式として書いておく」**感じです。書き残しておけば、あとで読めばすぐ思い出せます。

「忘れるまい」とする努力は、心理的にストレスになりますし、仕事の効率を下げかねません。

作業記憶（脳のランダム・アクセス・メモリー）**は有限であり、それは現在進行中の知的作業を十全に執り行うためにこそ用いるべきです。**今でなく後で考えればいいものを、「覚えておこう」と作業記憶の片隅に置いておくことは、端的に言って邪魔です。

特に気がかりな案件に関しては、書き留めてすぐ忘れて、次の瞬間に現在進行中の仕事に戻ろうと努めるべきです。

さもなければ、「さっきのミスショットを悔やんで、そのままプレーを続けた結果、さらにミスを連発するテニス・プレーヤー」のような状態になります。

ほかにもするべき仕事はたくさんあるのですから、書いて、忘れて、すぐに次の仕事に集中したほうがいいのです。

このノートに書くことは、**①To Do リスト、②仕事のアイデアの覚書、③執筆中の論文のアイデア**が主なものですが、それらにとどまりません。

たとえば、数日前に、A病院の院長から「来春から常勤医が足りない。派遣してもらえないか?」という話があって、いい案が浮かばなかったとき、今になって唐突にアイデアが浮かぶことがあります。

「そういえば、医局OBのC君、北陸のB病院に行っていたけど、昨年の忘年会で会ったとき、義父さんの介護の関係でこちらに戻りたいと言っていたな。彼のことをA病院の院長に話してみるか。いや、その前にB病院の医師の充足状況を確認しておく必要があるぞ。まずは、ホームページの外来診察表を見て、様子を調べてみよう」などです。

大学病院の教授というものは、地域の病院人事の調整弁の役割を果たさざるを得ません。だから、こういった未解決の人事案件をつねに数件抱えています。

人事というものはとても難しく、A病院から「派遣してもらえないか?」などと言われて即答できるものではありません。数日間、途方に暮れた後、ある瞬間に突然、いい発想が浮かぶことがあります。人事という最大の懸案事項に関するアイデアですから、浮かんでしばらくはそのことを巡る想念で頭がいっぱいになります。

こういうアイデアが、よりによって、学会のシンポジウムで壇上に座っているような最悪の状況で浮かんできます。

そんなときは手帳に「B病院のホームページチェック。A病院の件で」などと最低限のメモを残して、すぐさまシンポジウムに集中するようにしています。

そうでないと、シンポジウムのさなかに、ホールを埋め尽くした聴衆の前で、突飛な発言をしてしまいそうです。

突然の電話でも、メモを取れるようにしておく

大学病院で一日を過ごしていると、おちおち廊下を歩いていられません。いつ、どこで案件が発生するかわからないからです。

大学病院の医師は、つねにPHSを持たされていますから、突然、電話が鳴ることがあります。トイレで用を足していようが、病棟までの階段を上っていようが、看護ステーションでカルテを書いていようが、売店で買い物をしていようが、四六時中おかまいなしに電話は鳴ります。

突然の電話に対して、「今、出られませんので、5分以内にお電話いたします」と返事する場合もありますが、小さな用事ならばその場で返答します。特に、偉い人からの電話は、そうむげに後回しにするわけにもいきません。

その場合、要件によってはとっさにメモを取る必要が生じる場合があります。廊下で電話が鳴って、立ち止まって、その場で電話の内容をメモするという機会は少なくないですから、そのためには**つねに「5秒以内にメモを取れる」状態にしておかなければなりません。**

これは、逆もまたしかりです。大学病院で部下たちに電話をかけるとき、私としては「当然、いつでもメモができる状態でいるだろう」という前提でかけます。

だから、「もしもし、井原だけれど、今、話していいか？……、よし、じゃあ、メモを取ってほしい。これから言う」、こんな感じで話します。こういうときに、「ちょっと待ってください。ええっと、ええっと……」などと言われて数十秒も待たされるようだと、こっちも気勢をそがれます。

「病院ではいつ、どこで電話がかかるかわからない。だから手帳とペンは持ち歩くように」と部下を指導しています。**仕事中に何も持たないで手ぶらで歩くのは、御法度です。**

かつて、オフィスが固定電話中心であったときには、電話のすぐそばにメモ用紙とペンが置かれていたことでしょう。

今や、携帯電話やPHSを持たされる時代になりました。特に、病院社会ではPHSは早くから普及していました。固定電話ならそこにメモ用紙とペンを置けばいい。でも、PHSの場合、そうはいきません。

PHSを常時、首にかけて持ち歩く以上、筆記具も常時ポケットに入れて持ち歩くべきです。PHSを常時持たされているということは、常時、緊急の連絡が入るということを意味します。常時、緊急の連絡が入る以上、常時、連絡事項をメモする態勢を整えておかなければなりません。

固定電話ですら、子機を持って、オフィス内で、あるいは、家庭で、場所を問わずに話をする時代です。**場所を問わずに話をする以上、場所を問わずにメモを取れるようにしておくべきでしょう。**

部下への指示・確認をすぐにできるようにしておく

長い一日の外来が終わって、疲れ切って、ぼんやりと廊下を歩いて自室に戻ろうとしているときも、その途中で、学長や病院長や副院長とすれ違ってしまうと、もう覚悟しなければなりません。

必ずと言っていいほど、用事を頼まれます。でなければ、仕事の進捗について聞かれます。「ちょっと、頼みがある」と言われるか、「あの件、どこまで進んだ?」と聞かれます。

偉い人とは関所のようなもので、「ただ挨拶して通り過ぎる」ことをまず許してくれません。必ず、何か一声かけられます。これは他の同僚教授に聞いてみても同じでした。

おそらく偉い人たちの頭のなかでは、現在進行中の案件の何を部下たちに頼んだかを十分に把握しているので、「今度、あいつに会ったら、あの件についての進捗を聞く」といったことが、整理されてリストアップされているのでしょう。

この点は、私自身も職位が上がってマネジメント職になってみて、わかりました。私の手帳にも、**「今度、あいつに会ったらあの件に関して……」の類のメモは、多数リストアップされています。**

「鈴木に春日部春子殿の心理検査結果について質問」「山田に来週の研究会の前に薬剤部の伊藤さんに資料を送るように伝える」「福田に、来月の金沢でのイベント、時間について聞く」「中村に、研修医後藤の遅刻常習の件、伝える」「施設課柳田さんに外来診察室音漏れの件、相談」「大学院生大久保に、留学の件、浜野教授にまず一報せよと伝える」などです。

おそらくは、私の部下たちも私のことを「簡単には通してくれない関所」のように思っていることでしょう。廊下で偶然会うと、会釈だけして通り過ぎようとする彼らに「ちょっと待って！」と声をかけることは、かなり多いものです。私としては、偶然の機会も、指示を伝える絶好の機会なので、逃しはしません。

そうできるように、いつも手帳に指示すべきことをリストアップしているのです。

移動時間を有効活用する

私は、毎週火曜日に週替わりで複数の外勤先に赴きます。都内のこともあれば、県内や隣県の場合もあります。また、月に一回は岩手県花巻市の病院に医療支援に出かけます。精神保健判定医という資格をもっていて、裁判官とともに司法強制治療の合議体に関与する責務を負っています。そのために浦和の裁判所に出かける機会は、非常に多い。

移動時間をどう有効活用するかは、私にとっては一つの課題です。

テーブルがあるならPCを使った仕事をする

新幹線や飛行機のように、テーブルがあって、ＰＣを打てる環境であれば、積極的にＰＣを使った仕事をすることにしています。

独立行政法人国立病院機構花巻病院
月に一回は、埼玉から岩手へ出張しています。

大宮発、北上へ向かう新幹線「はやぶさ」だと約2時間。となると、仙台までの前半1時間を食事と仮眠に充てるとして、後半1時間はＰＣを開いて原稿を書くことになるでしょう。

飛行機での移動の場合、離陸・着陸時にＰＣの使用を制限されるうえ、高度を維持している間にはあれやこれやの食べ物を持ってこられて、なかなか仕事になりません。それでも多少ＰＣ作業ができます。

鉄道の近距離線にも最近はグリーン車がつくようになりました。私は、**グリーン車は廉価のレンタルオフィスであるとみなして、ＰＣ作業をしたいときは積極的にグリーン車を使うようにしています。**

混雑した通勤電車内では移動後にする仕事をリストアップする

ただし、移動の多くは混雑した通勤電車です。

このなかでＰＣを広げることは、ほぼ不可能です。

新越谷から北千住まで行って、そこで東武から地下鉄に乗り換えるとか、南越谷から南浦和まで行って、そこで京浜東北線に乗り換えるなどのように、たいていは十数分ごとに乗り換えが入り、時間が寸断されます。こういう細切れ時間をどう使うか。

そういう場合は、**「この移動時間が終了して目的地に着いたら、そこで何をするかをリストアップする」という作業のために、この細切れ時間を使うこともできます。**

たとえば、午後、浦和の裁判所に出張して、病院に戻ったら午後４時過ぎ。午後５時に面会者と会う予定があるが、１時間弱の空き時間ができる。その時間に何をすべきか、電車のなかでリストアップするのです。

■メールのチェック

- 学内用封筒の内容をチェック
- 某誌からの依頼原稿応諾のハガキを出す
- P病院に略歴を送る
- 本日夕方の都内での研究会。その資料を整理しておく
- 翌日の大阪出張の羽田までの電車時間の確認、担当者氏名・携帯電話等を手帳に転記

これらは実際にはすべてできるかどうかはわかりません。

ただ、リストアップしておくだけでも意味があります。出張から帰った直後の1時間などは、もっとも気が抜けてぼんやりして過ごしがちです。疲れもあって、インターネットの画面を見て時間を浪費して、さらに疲れるという悪循環に陥りがちです。

でも、こういう小さな時間をうまく使って、雑務を処理すれば、その後、まとまった数時間を作ることができます。**移動時間という細切れ時間に、移動後の細切れ時間をどう有効活用するかのアイデアをまとめておこうというわけです。**

忘れてはいけないが、覚えていられないことを書く

手帳の原則は、「忘れてはいけないが、いちいち覚えていられないことのすべて」を書くということです。

書けばもう覚えておく必要はありません。むしろ、覚えようとする努力を控えるべきです。**ノートに記載したら直ちに意識の外へと追い払い、次の仕事に集中すべきです。**

教授会の最中に、ここで話された内容のうち、翌日自分の科に戻って、医局員たちに伝えたいことをリストアップしています。

これは、翌日のカンファランスで、教授会で配布された分厚い資料をわざわざ持ち込んで読み上げるというような無駄を省くためです。

井の頭線渋谷駅
乗り換えの最短ルートなどもメモに取っておきます。

また、2日後に控えた某市出張の際の路線検索結果が書いてあることもあります。

週末の東大駒場での研究会のために、「渋谷駅で半蔵門線から井の頭線に乗り換えるときの、最短のルート」などをスマートフォンで検索して、その結果が記されていることもあります。

学会での行動予定を細かく書く場合もあります。

医学系の学会では、複数の会場で並行して発表が行われるうえ、自分の関わるシンポジウムの打ち合わせが別の階で行われるというようなことが多いため、どこからどこへ行くべきかは、事前に計画を立てておかなければいけません。
「明日の学会では、午前10時にA会場の鈴木先生の発表を聞いた後、10時半にB会場3階の小会議室でシンポジウム打ち合わせ、その後、11時からシンポジウム」などといったことを書くのです。

秘書に指示すべきことを箇条書きしていることもあるし、庶務課から1週間以内に提出するように言われていた書類に、ぜひ記載すべき事項を突然思いついたのでそれを書き入れているということもあります。

過去の手帳を見てみると、〈Ctrl+*:け+a〉などというのもありました。
当時、ドイツ語の用語の頻出する小文を書いていて、普段使わないウムラウト（ä, ü, ö）のショートカット法を記していたのでしょう。

小さなアイデアを大切に扱う

ここまで「アイデア」とか「発想」だとかいういい方をしてきましたが、**それらが高度に知的なことを意味していないことは強調しておかなければなりません。**

「発想」というと、ピタゴラスが床のタイルを見てピタゴラスの定理を発見したり、ニュートンがリンゴの落ちるのを見て万有引力を発見したりといったように、知的な発見を意味するととられるかもしれません。

しかし、私が「アイデア」や「発想」と呼んでいるものはそんな立派なものではありません。

もっと小さくて、一見すると忘れてしまいそうな些細なことです。

でも、**小さな発想、小さなアイデアを大切にすることこそが、仕事を創造的に行ううえでもっとも大切なことです。**

イチローが2004年にメジャーリーグのシーズン最多安打記録を作ったときに、こう言いました。「小さなことを積み重ねることが、とんでもないところへ行くただ一つの道」だと。

仕事の上でも、私は小さなアイデア、小さな発想、小さな工夫を大切にしています。

その結果、イチローのように「とんでもないところ」へ行けるかどうかはわかりませんが、しかし、それこそが自分を少しでも前に進める唯一の方法だと思います。

報・連・相が組織のパフォーマンスを決する

教授族の仕事のかなりの部分を占めるのが報告・連絡・相談、いわゆる「報・連・相」です。

これをどれだけ丁寧に行うかが、組織のパフォーマンスを決定し、また、自分自身のマネジメント業務の質を決定します。こういう連絡事項に関連して、小さなアイデアが次々に浮かんできます。

「鈴木君の今書いている論文、そういえば、一昨年のマーストリヒト・グループの論文が参考になるぞ。彼に伝えておこう」

(手帳に「鈴木にマ・G論文伝える」と記載)

「佐藤さんに来年のシンポジウムに関して、学会からのメールをきちんと読んでおくようにと伝えたのだけれど、やってくれていたかな。早めに電話して確認しておこう」

（手帳に「佐藤にメ確認指示」と記載）

「裁判所からの資料が、そろそろ庶務課に届いているはずだぞ。殺人事件に関する書類だから、物騒だ。庶務課の他の荷物のなかに置いておきたくない。秘書の山田さんに取りにいってもらおう」

（手帳に「庶務課の事件記録山田に頼む」）

「埼玉製薬の大宮さんから、来年の講演の件で、一昨日アポイントのメールがあったけれど、放ったらかしになっているぞ。返信しておかないといけないな。来週の会議次第では、再来週に回そうかな」

（手帳に「埼薬・大宮さんにメール」と記載）

「ドクター中村担当の越谷太郎さん（患者）が来月、短期留学するから英文診断書が欲しいと言っていたな。中村に、英文診断書のサンプルをメールで送っておこう」
（手帳に「越谷太郎　英文診断書サンプル中村に」）

「副院長から、診療報酬改定に伴う加算要件について聞かれたけれど、その件、部下の岡本が調べてくれていた。その内容をすぐメールで副院長に送ろう」
（手帳に「岡本の資料を添付して、副院長にメ回答」）

こうして、手帳には次のような事項が列挙されます。

- 鈴木にマ・G論文伝える
- 佐藤にメ確認指示
- 庶務課の事件記録山田に頼む
- 埼薬・大宮さんにメール
- 越谷太郎　英文診断書サンプル中村に
- 岡本の資料を添付して、副院長にメ回答いずれも丁寧にメモする必要はありません。

自分だけわかればいいことですから、ごく手短に書けばいいのです。このリストを知らない人が見れば、何のことだかわからないかもしれません。

たとえば、「佐藤にメ確認指示」などは書いた私自身も、数日経過すれば何のことだか理解できないでしょう。私は時折、過去の手帳を読み返してみることがありますが、その内容のほとんどは私自身にもわからない謎めいた呪文ばかりです。

でも、とりあえずメモしておいて、その日のうちに、あるいは、数日以内に処理すればいいのです。

数日以内であれば、暗号のような内容であっても、その意味はわかります。

発想は瞬時に捕まえる

発想というもののその本質は、「常時発生、瞬時消失」です。「常時発生」する以上、**手帳も常時持ち歩くことが必要です。**仕事中はもちろんポケットに入れて常時携帯です。

白衣を着ているときは白衣右ポケットに、そうでないときはジャケットの左ポケットないしワイシャツの左ポケットに入れています。休日にTシャツなどの胸ポケットのついていない服を着ている場合は、ズボンの右側尻ポケットにねじ込みます。ジーンズをはいているときも、手帳が傷むことを承知で、尻ポケットに入れます。

寝るときは、枕元にスマートフォンとともに置いています。トイレのときも、食事のときも、つねに携帯。唯一、携帯しないのは入浴中だけですが、その場合も風呂上りに最初にすることは、服（パジャマのことも）を着てから、ポケットに手帳をねじ込むことです。

かなり乱暴な使い方をしていますが、それは2、3週間もてばいいからです。一冊を短くて2週間、長くても3週間で使い切りますので、その期間だけ壊れなければいいのです。使い終わるころには、ペンのあとがついて手帳が波打って、角も汚く折れています。でも、手帳を使う目的は、「きれいに使う」ことではなく、「つねに使う」ことです。だから、ボロボロになってもいっこうにかまいません。

それに実際には、ボロボロにはなりません。コクヨのキャンパスノートは非常に丈夫に作られていて、2、3週間の使用期間中に壊れたことは一度もありません。

欠点は、「あいつはいつも汚い手帳に何か書き込んでいる」と言われる点ぐらいです。

常時発生とともに、「瞬時消失」もまた、発想というものの厳しいところです。「瞬時消失」する以上、瞬時に手帳に記載することは必須です。

「あとで思い出して、どこかに書き留めておこう」と思ったら、もう消えています。発想が浮かんだときは、あまりの衝撃に、「これほどのアイデアを忘れるはずがない」と思いがちですが、そんな感動も一瞬です。

次々と飛び込む雑事に忙殺されて、そういえば数時間前に面白いことを思いついたということすらあいまいになり、何を思いついたかなど到底思い出せないのです。

そうならないためにも、直ちに書き留められることが必要です。筆記具を探しているうちにアイデアはどこかに行ってしまいます。

瞬時に書き留めるためには、ペンを常時挟んでおくしかない。こうして初めて、「発想は5秒以内にメモ」することが可能となります。

先ほども述べましたが、**電子手帳や携帯用コンピュータは使い物になりません。**

発想は、常時発生、瞬時消失、その時間単位は秒であって、分や時間ではありません。だから、それに対応するには、西部劇の早撃ちガンマン並みの俊敏さが必要です。西部劇の『平原児』でゲイリー・クーパーが演じたワイルド・ビル・ヒコックの早撃ちは0・3秒だったそうです。

それはともかく、電子機器などというものは、実に悠長なシロモノで、話になりません。発想の管理の目的には使えません。

「仕事ができる」とは、「ＩＴ機器を使いこなす」ことではない

電子手帳やＩＴ機器を使いこなしている人は、いかにも仕事ができるように思えるでしょう。でも、「仕事ができる」とは、「ＩＴ機器を使いこなす」ことではありません。

パーソナル・コンピュータ（ＰＣ）が普及し始めた90年代においては、ＰＣのキーボードを打っている姿は知的なビジネスパーソンの象徴でした。

しかし、これはすでに過去のものです。**今どき、電車のなかで、スマートフォンや、ｉＰａｄの画面ばかり見ている姿は、情報の洪水に翻弄されている哀れな姿にすぎません。**

電子機器は文房具の延長にすぎない

実際には、自分の手帳を見てみれば、朝の通勤時間なら、今日行う仕事のリストアップ、今週から来週にかけてのスケジュール、出張の際の路線情報など、確認すべきことが無数にあります。

帰りの通勤時間だって、今日、し残した業務のチェックや、うまくいかなかったことについての新たな対応を考えるなど、することはたくさんあります。

常時複数の未消化案件を抱えている身としては、自分の仕事の全体像をモニタリングすることを一日に何度も行う必要があります。そのことの重要性を知らない人が、通勤時間で漫然とスマートフォンを見ているのでしょう。

「知的である」ということと「IT機器を使いこなす」ことが、もし同義であるのなら、スマートフォン・ショップやコンピュータ・ショップの店員のなかから偉大な知性が輩出することでしょう。店員諸氏の仕事を軽く見ているわけではありません。

IT機器に精通することは、技術知を必要とする営業マンにとっては、大切なことでしょう。しかし、IT機器を使って何をするのかについては、店員諸氏は知るはずがありません。

たとえば、この本を私は、マイクロソフトの「ワード」で作っています。私は、「ワード」を20年以上使っていますが、私はこのソフトの機能の多くを使えていません。たとえば、「ホーム」、「挿入」、「デザイン」、「レイアウト」、「表示」ぐらいは使いますが、「参考資料」とか「差し込み文書」などは使ったことがありません。おそらくは、「ワード」には私にとって未知の便利な機能がたくさんあるのだと思います。それらの使い方については、ＩＴ機器に精通している人ならお手の物かもしれません。でも、私が今、行っていることは「発想の管理」に関するこの章をうまく書き終えることです。そのためのアイデアについては、コンピューター・ショップの店員だって、パソコン教室ワード講座の先生だって知らないはずです。

以前、私は業界誌から「外来を効率よく回すための電子カルテの使い方について私見を書いてほしい」という依頼を受けました。

その際にも書いたのですが、電子機器は、あくまで文房具の延長にすぎません。電子カルテの使い方に習熟すれば、外来が効率よく回ると考えるのは、筆記具を変えれば成績が上がると信じる、勉強のできない生徒のようなものです。三島由紀夫と同じくモンブランの万年筆を使い、ヘミングウェイと同じくモレスキンのノートを使えば、凡庸な作家でも傑作が書けるというわけにはいきません。

電子機器は目的を明確にして使う

外来を効率よく回せないのは、精神科医としての能力が足りないからです。精神科医としての能力を上げるためには、勉強すればいい。その目的のために電子カルテを使えばいいでしょう。電子カルテを症例の勉強のために使えばいいのです。

端的にいって、電子カルテを外来診察の前日に一読して、翌日の診療の流れを予想するということを毎日行えば、精神科医としては格段に成長します。精神科医として成長すれば、外来を効率よく回せます。その目的のためなら、電子カルテのほうが効率がいいことは確かですが、紙カルテでも不可能ではありません。

同じく、**電子機器に習熟すれば、職業人として成長すると考えるのは、まったく愚かなことです。**電子機器は、目的を明確にして使うべきです。発想の管理ではなく、執筆や検索のために電子機器を使うのなら、話はわかります。

私だって、もちろん、電子機器は使います。実は、今、この文面は大阪出張のための新幹線の車内で、PCに向かって打ち込んでいます。車窓からは関ヶ原の風景が見えます。新幹線の車内のような数時間、誰にも邪魔されず、テーブル上にPCを置けるような状況なら、PCを使えばいいのです。

同じことを混雑した東武電車のなかでは行えません。第一、通勤電車は数分、数十分で乗換駅や目的地に着いてしまうので、PCを立ち上げたり、終了したりする時間が無駄になります。新幹線や飛行機のなかなど、まとまった時間をとれるなら、PCもいいでしょう。

しかし、**細切れ時間の使い方としては、紙のノートを基本にするべきです**。起動にも、終了にも、数十秒もかかってしまうPCは、無駄が多すぎます。

情報は限定する必要がある

電子機器のない時代に、素朴な筆記具で創造的な仕事をした人がいます。レオナルド・ダヴィンチです。

ダヴィンチは、生涯に1万枚以上のノートを残したといわれています。内容は数学、植物学、動物学、鳥の飛翔、馬の走り、スケッチ、解剖学、建築など、彼の多様な関心に合わせて、実に多岐にわたります。

でも、このなかにヤフー・ニュースからの抜粋とか、AKB総選挙の結果とか、芸能人の覚せい剤スキャンダルとか、掲示板への書き込みなどは書かれていません。

ダヴィンチは、自分の興味関心の範囲のなかで、才能を存分に発揮したのです。

「賢明な人というものは、気を散らすようなことは一切退けて、自分を一つの専門に限定し、一つの専門に通暁するわけだよ」（ゲーテの言葉。エッカーマン著『ゲーテとの対話』より）とのゲーテの言葉ほど、ダヴィンチの生涯を表すものはありません。

手帳につねに書いていくということは、情報を限定するという意義があります。自分の人生を、自分の興味・関心に限定するということは、人生を豊かにするうえで最大の知恵でしょう。逆に、気を散らすような刺激に始終さらされていることこそ、人生を無意味なものにしてしまう元凶です。

朝一番に手帳を見る。通勤時間に手帳を見る。仕事のすき間時間に手帳を見る。時間が余ったら手帳を見る。帰りの電車で手帳を見る。こうしてみると、自分のなすべきことが何かが見えてきます。

私の場合、96ページの5号ノートを年間、20〜25冊使っています。年に約2000ページです。これを数十年続けていますから、ダヴィンチの数倍には達するはずです。

私は、ダヴィンチのような天才ではありませんから、アイデアが浮かぶとしても、たかが知れています。芸術家ではなく、実務家ですから、浮かぶアイデアにしても芸術や科学のもつ崇高さとは無縁です。書き込むことは雑務の箇条書き（ＴｏＤｏリスト）にすぎません。

でも、**一瞬の発想が勝負を決する点では、管理雑務も芸術も同じです。**しかも、その発想を育てて、仕事として形にしていかなければ、関係者全員が戸惑い、プロジェクト全体が滞ります。

私としては、小さな発想を手稿のなかで大切に育てたダヴィンチの方法からヒントを得たいと思っています。

情報はフローであって、ストックではない

情報はフローであって、ストックではない。

このことは、5号ノートの記載内容については、特にいえることです。**情報の生命は数時間から数日。**したがって、2〜3週間で使い切る5号ノートこそ、その目的では最良なのです。

手帳は大事に扱う必要はない

3週間でオシャカにすることを前提にしていますので、手帳の使い方はかなり乱暴です。白衣のポケットに入っているときは、万年筆や印鑑と一緒になって、ひどく汚れてしまっている場合もあります。夏は、ワイシャツの胸ポケットに押し込むことが多いのですが、

ポケットが小さいと、強引に丸めて入れることになります。ある夏の休日に、ポロシャツのポケットに丸めて入れて持ち歩いていて、帰りに夕立に遭って、すっかりぶよぶよになってしまったこともありました。

ページを折ることもあれば、人にメモを渡したいときは手帳のページを破ることもあります。ボールペンのクリップを毎日、何度も引っかけたり、外したりするので、表紙やページのクリップの当たる部分は、傷がついて、汚くなっています。

私としては、**大事に扱うべきは手帳ではなく、偶然に浮かんだ発想のほうです。**手帳を粗末に扱おうとは意識していませんが、少なくとも丁寧に扱おうとは思いません。発想のほうはけっして粗末に扱うまい、丁寧に扱おうとしています。

突然脳裏を訪れた発想は、「天使の訪れ」だと思って、丁重かつ素早くお迎えする、という考え方です。

だから、ポケットから手帳を出し、ペンを外し、素早く書いて、素早くペンを挟み、丸めてポケットに入れるということを、一日に何回も繰り返します。それを文字通り、365日続けるのです。

メモは紙切れでなくノートに書くことに意味がある

手帳とペンがつねに手元にありますから、紙切れに書くということは、極力控えるようにしています。

どこかに電話をかけなければいけないときに、電話番号や先方担当者の名を一時的に紙切れに記載することは誰にもあるでしょう。そして、電話をかけたら、その場で捨ててしまう。

でも、しばしば起こり得ることとして、その電話番号に今日中にもう一度、かけ直さなければならない場合があります。今日中でなくても、数日以内にもう一度かけ直して、しかも、今日の通話内容をもとに話し合わなければならない場合もあります。

しかし、メモをした紙切れは、数日も過ぎれば、まずどこかに行ってしまっています。そのつど、電話番号を調べ直さなければならない。その上、そのとき話し合った内容はうろ覚えだし、まして担当者の名など忘れています。

手帳に書いておけば、こういう事態は避けられたはずです。

情報はフローであって、ストックではない。だから、捨てていい。長く生かしておく必要はない。

でも、その場合の生存期間は数秒、数分、数時間は短かすぎるように思います。数日は生かしておいたほうがいい。**数日生かしてみて初めて、その情報が不要かどうかが明らかになります。**だから、メモは紙切れではなく、手帳に書き留めるべきだと思います。

忘れないことは信用の基本

実は、すべての管理職者と同じで、教授という立場は、恨みを買うことがあります。それはよく考えられがちな「白い巨塔」内部の権力闘争のようなものによるのではなく、むしろ、ごく小さなうっかり、ぼんやりのほうです。

「こっちは急いでいるのに、返事がない」「『わかりました』と言っておきながら、何日、何週間もやっていない」「忘れたのか？　こっちは待っているんだぞ！」とそういった感じです。

「用事を頼んだのに、あいつ、すっかり忘れてやがる」

この事実ぐらい人をいらだたせるものはありません。忘れている側としては、その人を侮辱したくて、あえて、用事をしないで済ませようとしているわけではない。逆に、全然、その人に恨みなんかない。でも、忘れられているほうは、一度や二度なら我慢できますが、三度、四度とたびかさなると、「あいつ、俺に恨みでもあるのか?」と思って、怒りたくもなります。

逆にいえば、**用事を忘れないということは、人としてのエチケットでもあり、信用の源泉です。**「あいつは約束を必ず守る」ということぐらい、人を安心させるものはありません。

「白い巨塔」に住むということは、実に多くの人と共同で仕事をするということです。人と協調していくことは、必須です。

でもそれは、別に、全方位的に媚びを売れというわけではありません。私自身、まったくもって非社交的な人間です。忘年会、納涼会などで偉い先生にお酌して回るなどは、もっとも苦手としています。

ただ、そんなことをしなくても信用を得る方法はあります。仕事の結果をもって信用を得ればいいのです。

「**指示されたことを、指定された期日までに、求められた正確さをもって、仕上げる**」

このことが組織で生きていくうえでの最大の処世法だと思います。

これは、上司との関係にとどまりません。部下との関係についてもいえます。彼らの論文は読んでやらなければいけません。まだ書きなれていませんから、私のように半分物書きのような生活をしている者とは違います。自分の書いたものがどのように評価されるかをつねに緊張して待ち構えています。

こんなときに、「ああ、そんな論文、書いてたっけ。忘れてた」などと教授が言おうものなら、それはそれは気分を害します。若い部下といっても自尊心は持っています。油断してはいけません。教授のうっかり失念は、彼らのプライドをはなはだしく損ねます。

「今でしょ」「すぐやる」は愚の骨頂！

巻間には林修氏のキャッチワード「今でしょ」がはやって以来、「今でしょ」とか「すぐやる」ことを推奨する書籍があふれかえっています。

しかし、私は、「今でしょ」とか「すぐやる」は、愚の骨頂だと思います。賢明なる読者の皆様は、ぜひこのような愚かな掛け声に耳を貸さぬことをお勧めします。

これらのキャッチワードは、仕事の要領の悪い人を、いっそうパニックに陥れるにすぎません。**仕事の大半は、本当は、急ぐには及ばないことばかりです。**だから、急ぐかどうかを見極めて、急ぐべき仕事に限定して、「今でしょ」とか「すぐやる」というのなら、まだしも理解できます。

しかし、実際には、**「今でしょ」とか「すぐやる」方針だと、仕事の優先順位を考えずに、**

ただ順不同で処理していく結果になりかねません。考えうる限り最悪の仕事法といえるでしょう。

私ども医療に関わる者にとって、「すぐやる」とか、「今でしょ」といった言葉が本当に必要なのは、目の前に心臓が止まった人がいて、心肺蘇生を行わなければならない場合だけです。

この場合は、「すぐやる」べきです。いつやるのか。「今でしょ」。でないと死んでしまいます。

すぐやらなくても誰も死なない

でも、ホワイトカラーの人の仕事の大半は、すぐやらなくても誰も死にません。

秒単位で急ぐべき仕事はほとんどなく、「すぐやる」必要もなければ、「今でしょ」などと、自分にプレッシャーをかける必要もありません。

ただし、いつかはやらなければなりません。それも数年後、数か月後、数日後ではなく、今日中にやらなければいけない案件もあるでしょう。あるいは数時間以内、場合によっては1時間以内に済ませるべき案件もあるでしょう。

その場合、今日中に、あるいは数時間以内、1時間以内にすればいいのです。「すぐやる」**必要はないが、その仕事の性質に合わせて制限時間内に行えばいいのです。**

けっして忘れてしまってはいけません。1時間以内にすべき仕事は1時間以内に、数時間以内に済ませるべきは数時間以内に、今日中に済ませるべきは今日中に、手ぬかりなく済ませなければなりません。

しかし、繰り返しになりますが、「1時間以内」、「数時間以内」、「今日中」とは、すなわち、「今でしょ」でもなければ「すぐやる」わけでもありません。その必要もありません。

忘れてばかりだから、「すぐやれ！」と言われる

では、なぜ、「今でしょ」とか「すぐやる」とかいった愚かな掛け声がはやるのでしょうか。

「今でしょ」強迫、「すぐやる」強迫に陥っている人は、そのほとんどが上司に「すぐやれ！」、「今だろ！」と言われ続けてきた人ばかりです。

ではなぜ、そう言われ続けるのか。それは、大事な仕事をすぐ忘れてしまうからです。

上司からすれば、命じた仕事を忘れてやらない部下ぐらい腹立たしいものはありません。特に大切な案件を失念常習犯に頼まざるを得ない場合、上司は「こいつ、このあいだも忘れやがったよな。今度だってどうだろうか。本当にやってくれるのか」といった感じで、すでに疑心暗鬼になっています。

命じたことを何度も失念される経験を繰り返せば、上司だって人間ですから、部下を信用しなくなります。

「命じてもすぐ忘れる。でも、やらせなければならない」と思えば、「すぐやれ！」「今やれ！」という以外に指示する方法がない。

だから、よく考えればすぐやる必要もないし、今じゃなくてもよさそうな仕事だとしても、上司としては「こいつに失念されたらとんでもないことになる」という不安感がありますから、「すぐやれ！」「今やれ！」と言わざるを得ないのです。

今、すぐやらないからいけないわけではなく、今、すぐやらないと忘れてしまうからいけないのです。だから、忘れないようにメモを取ればいい。まず、手帳に書き留め、その手帳を何度も確認すればいいのです。

「今でしょ」とか「すぐやる」という言葉は、仕事の要領の悪い人をただパニックに陥らせる以上の効果はありません。

仕事の優先順位を考えない人に、「今でしょ」とか「すぐやれ」といえば、トリビアルなことばかりを今、すぐやろうとして、大切なことをおろそかにしてしまうでしょう。大学病院に、仕事の優先順位を考えずに、出たとこ勝負で処理しているような人はいません。

病院の外でもおそらくは、できる仕事人は「すぐやる」「今でしょ」のような発作的な仕事をしていないはずです。

「すぐやる」のは突然の情報に無防備だから

上司に直接、「今でしょ」とか「すぐやれ」と言われたわけでなくても、飛び込んできた仕事には、何であれ「すぐやる発作」を起こす人がいます。

これは、仕事術として賢明な方法とはいえません。


調べ物をするつもりで、インターネットで検索しようとする。

その瞬間、そこに偶然出てきたＹａｈｏｏニュースに目を奪われて、つい、それを読んでしまいます。気がついたら、そのつもりもなかったネット・サーフィンに数十分も浪費してしまう。調べ物のことはそっちのけ。いつも「忙しい、忙しい」と嘆いているくせに、こういう無駄なことにずいぶん長い時間を浪費してしまう。何と愚かなことでしょうか。


でも、こういうことは、誰しも身に覚えがあるでしょう。

「すぐやる」衝動は、これと似ています。突然、意表を突くように飛び込んできた情報に対して、人はしばしば無防備です。

無防備だから、その重要性を冷静に判断できません。**トリビアルなことをあたかも重大事のようにとらえ、後回しにしていいことを直ちに調べたくなる衝動にかられます。**無視していいことを、きっぱり無視することが難しいのです。知性も教養もあるはずのビジネスパーソンですら、仕事において、こういう動物的なことをやってしまいます。

どうして、こんな愚かなことをしでかしてしまうのか。それは、**今、発生したばかりの出来事には、古くからの案件にはない新鮮な迫力があって、それに目を奪われて、ことの重要性を誤認してしまうのです。**

Ｙａｈｏｏニュースに出てくる記事など、自分にとってはどうでもいいものばかりです。でも、不思議と、つい見てしまう。それと同じで、今、飛び込んできた仕事は、今の自分にとっては実は重要ではなく、場合によっては、何もリスポンスしなかったとしても大勢に影響はないようなものかもしれません。


実際に急ぐ必要があるとしても、その仕事は、数秒以内ではなく、数分以内ですらない。数時間以内、場合によっては明日以降に片づけても遅くないものかもしれません。

しかし、かかってきた電話の上司の怒号、スマートフォンの着信履歴に記された重要人物の名前、メールを開けた瞬間の驚きなどによって、その仕事の緊急性を事実以上に重く見積もってしまうのです。

「すぐやる」より「すぐ書き留める」

仕事が飛び込んできたら、あわてる必要はありません。まずは、手帳を開いて、書き留めてみることです。

まあ、**あわてる必要はないが、5秒以内に書き留めましょう。**手帳にペンが挟んであれば、余裕をもってそれができるはずです。

そうすると、すでにリストアップされている他の業務との関係が浮かび上がります。他と比較してのその仕事の重要性、緊急度が評価できます。そうすると、「必ずしも急ぐ必要はない。まず、2、3の業務を片づけて、そのあとでも遅くない」ということはわかるはずです。

今入った仕事は後回しでいい

場合によっては、手帳に書いた瞬間に、先にリストアップされていた、他の急ぐべき用件が目に入るかもしれません。

それなら、そちらを優先すべきです。今入った仕事は後回しでいいのです。

それに、すぐ着手しないで、まず、リストに書き留めて、しばらく置くことには、意味があります。**それは、ほかの仕事を行っているうちに、あるいは、疲れて、仕事の手を休めて、コーヒーサーバーのところに歩いている途中に、突然、妙案が浮かぶことがあるからです。**

たとえば、「庶務課から依頼されたあの書類、3か月前に作成した書類を参考にして、それを『名前を付けて保存』して上書きしていけば、あとは何とかなる。大丈夫だ」とか、「自分だけで考えてもできないけれど、会計課の鈴木さんが詳しそうだから、まずは意見を聞いてみよう」とか、「自分が判断するのは難しいな。部下の田中ならこの領域に精通しているから、まずは書類を田中に読ませてみよう」などといったアイデアです。

これらのアイデアもすべて、**5秒以内に手帳に書き留めることにしましょう。**鈴木さんや田中君への電話は、またあとでいいでしょう。

「すぐやる」とあとで後悔するぞ！

しばらく置くことで、そのうちに浮かんでくるアイデアには、アクセルだけでなく、ブレーキもあります。「今でしょ」強迫、「すぐやる」強迫に陥ってはいけない理由がここにあります。

仕事は、飛び込んできたときにはそのリスクがわからない。そもそも、熟考すべきか、即断していいかの判断すらつかないことがあります。だから、**無差別に、秒単位の拙速さでリスポンスしてしまうと、あとで取り返しのつかない事態に陥ることもあります。**

たとえば、大学病院に勤めていると、行政、警察、裁判所、医師会などの外部機関からさまざまな協力要請がある場合があります。想定外のタイミングで、電話やメールが入ってきます。大学病院は公共性を帯びた組織ですから、基本的には、依頼はお引き受けすることになります。でも、なかにはリスクのある仕事も含まれます。

メールで、まとまりの悪い、わかりにくい表現で、何かを依頼してきている場合があります。そんなときには、直ちに返信メールを出さないで、とりあえず、手帳に書いておく。場合によっては、メールをプリントアウトして折り曲げて持ち歩く。

そして、会議の合間の空き時間とか、約束した人が電車のトラブルで15分遅刻するなどで生じたすき間時間に、メールの内容を落ち着いて読んでみます。そうすると、初めて、その仕事のリスクや実現可能性が読めてきます。

なかには、「あのとき、即断してはいけなかった」と後悔する場合もあれば、「あのとき、即断しなくてよかった」と、胸をなでおろす場合もあります。

「この仕事、安易に引き受けると、かえって病院の他科に無用な負担を強いることになるぞ。二つ返事で引き受けないで、『上司と協議したうえで、3日以内にお返事させていただきます』のメールを返信しておこう。そして、秘書室に頼んで副院長とのアポをとってもらおう」などと思う場合です。

もし、こういった冷静な判断を行うことなく、拙速にメールの返信をしてしまったら、あとで窮地に陥ることになったはずです。

仕事の発生の周期を把握しておく

業務というものは、日単位、週単位、月単位で動きます。繁忙期は月末か、月始か。重要な会議は毎週何曜日か。一日のうちで、本社からの電話が入るのは何時ごろか、など、仕事にはつねに周期性があります。その周期を把握できれば、予測ができます。予測できれば、それに合わせて準備をすることができます。

私の場合、書類仕事が発生するのは、月曜日が一番多く、その次は水曜日、次いで火曜日、さらには木曜日、金曜日と続きます。例外的に、隔週水曜日に大きな会議があって、そのために、水曜日と木曜日に書類が大量に発生することがあります。

また、外来診療を行っている精神科医にはつきものの仕事として、年金診断書（精神の障害用）、自立支援医療診断書（精神医療通院用）、介護保険主治医意見書、精神障害者保健福祉手帳診断書、傷病手当金支給申請書などの書類が外来担当日に発生します。私の場合、月曜日、木曜日、土曜日です。ほとんどは次の外来、つまり、14ないし28日後までに書いておけばいいのですが、溜めたくはないので、1週間以内に書くようにしています。

仕事の発生に周期性があるように、すき間時間の発生にも周期性があります。

私の場合、外来時間中はすき間時間というものは皆無であり、そのわりに会議の日は、会議の合間にすき間時間が発生します。会議が予定より早く終われば、やはりすき間時間が発生します。だから、この間に書類仕事を済ませてしまいます。

私は院内を歩くときは、A4書類の入る手提げ袋を持ち歩いていて、そこにすき間時間に処理できる書類を入れています。そして、会議があるときに5分程度早めに会議室に行って、開会までのすき間時間に書類をできる範囲で処理してしまうのです。

会議の直前の短い時間に手際よく仕事ができてしまうのは、一つには会議室までの長い廊下を歩いているうちに、体が温まって、身も心もテンションの高い状態になっているからかもしれません。その勢いで、煩雑な書類の処理が一瞬にして終わってしまう場合もあります。

自信をもって仕事を先延ばしにする

「すぐ書く」ことと「仕事の周期性の把握」の両者ができていれば、先延ばしにしていい仕事に関しては自信をもって先延ばしにできます。

今日は、今日でなければならない仕事に専念する。明日でもできることは明日に回す。たとえ、今日できることであっても、明日に回せるのなら、決して手をつけない。明日でいいことは明日に、来週でいいことは来週に回す。

実際には、これができない人がいます。

不安だから、いつも焦燥感に駆られて処理しようとしてしまいます。「今でしょ」強迫、「すぐやる」強迫に陥っている人は、自分が抱えている仕事の全体像が見えていません。

だから、自分が抱えている仕事の量を多く見積もりすぎて、その上「さらに仕事がふえやしないか」とおびえています。恐怖感にかられて、血眼になって仕事しています。

仕事が飛び込んできたときに、その衝撃で、あわてふためいて処理しようとしますから、仕上がりが悪く、粗雑な仕事しかできません。

でも、もし自分の仕事の周期性を把握できていれば、「この仕事は今日中にやらなくていい。明日の16時の会議の前に結構時間が余るはずだから、この時間をうまく使えばいい」とか、「明後日の午前中は、上司が出張して社にいないから、まず、新規の案件はない。営業に行く前に1時間ほど空き時間ができるはずだ。そのときにやればいいだろう。『明後日の正午までにメールで送ります』と返信しておこう」などと思います。


そもそも、仕事の流れが読めていない人は、無駄に焦って、無駄に急いで、そのわりに、すき間時間をうまく使えていません。

いつもイライラピリピリしているけれど、そのわりに時間帯によっては、手持無沙汰でぼんやりしていることもあります。勤務時間中に労力を適正に配分できていないのです。

雰囲気だけは、「悲壮感丸出しで、殉教者のように激務に耐えている」感がありますが、実際にはあまり仕事ははかどっていないようです。

手帳とスケジュール帳を使い分ける

先にも述べたように、本書で「手帳」という場合は、発想の管理を目的とした文庫本サイズ（タテ148ミリ、ヨコ105ミリ）のノート（コクヨ・キャンパスノート）のことです。

その一方で、「○月○日15:30教授会、大会議室」のような予定については、本書では「スケジュール帳」と呼んでいるものに記載しています。私の場合、『超』整理手帳」の商品名で市販されているものを使っています。

さて、手帳と対比されるところのスケジュール帳ですが、こちらには何を書いているのでしょうか。

以下に、ある年の11月の、とある一週間の記載を見てみましょう。

スケジュール帳（イメージ）
一週間のスケジュールをこのように書き込んでいます。

これは、固有名詞を仮名にするなど、小さな修正を加えていますが、その他はほぼ実物通りです。

「オンコール（宅直）」などの絶対に忘れてはならないものは、赤で記入。その他にも、見やすさを重視して、あえて黒い記載の次の行に赤を、その次の行に黒を、のように黒と赤とを互い違いにしていますので、ちょっとカラフルな感じだと思います。

でも、おそらく、「意外に何も書いていない」印象でしょう。

私としては、忘れるはずのない定例のスケジュール（たとえば、月曜午後の外来、火曜午後の外勤、木曜午前午後の外来など）は記載していません。

「ＰＰＴ」とはパワーポイントデータの略、「３会」とは第三会議室の略、「ＱＱ」は救急の略、「ＰＷＳ」はプラダー・ウィリー症候群の略、「越クリ」は「附属越谷クリニック」の略。これらは、「ＰＰＴ」以外は何のことかわからないと思いますが、当然ながら人に読ませるためには書いていないのでこれでいいのです。

この週には、普段の週にないイベントがいくつかありました。二度にわたり、感染対策研修会への出席を命じられていました（ランチタイムの研修会は異例のことであり、手帳に明記しないと失念する）。

金曜日の午前中、さいたま地方裁判所で医療観察法審判という裁判手続きに参加する必要があり、かつ、同日、午後に越谷にとんぼ返りして、本来ならば15時まで健康診断業務を行う予定でしたが、これをキャンセルして、同日、出張者が多くて午前の外来が終了していない可能性を見越して、昼から応援のために外来に待機。その後、夕方、仙台に講演会に出かけ、同日、仙台宿泊。土曜朝の新幹線で都心の研究会に出席という具合で、いつになく出入りの激しい一週間でした。

さいたま地方裁判所
金曜日の午前中に訪れるも、午後にとんぼ返り。

そのせいもあって、「この週に○○県立病院のN院長に会う」という予定については、実は、前の週に予定を早めて済ませていました（手帳の記載は消し忘れ）。

しかし、これだけ忙しい一週間であっても、スケジュール帳には、必要最小限のことしか書いていません。

スケジュール帳に関していえば、毎朝、出勤途中の電車のなかでスケジュール帳を見て、今日の日程を確認します。その時点で、重要なイベントについては、手帳のほうに転記することもあります。

その後は、スケジュール帳の確認は、

特にしません。その日のうちに、翌日以降の予定が入ったり、予定変更の連絡があったり、数週間後、数か月後の予定が入ることがあります。

そのつど、スケジュール帳に記載し、ついでに、その前後の日程を確認します。でも、その日のうちに何の予定も入らなかった場合は、朝一回確認した以外、一度もスケジュール帳を開かない場合もあります。

休日は、出張している場合を別として、基本的に携帯しません。

出張先への行程を記したメモとか、部下たちの一週間のスケジュールなどを記したA4の紙を数枚、それと自分の名刺を数枚挟んでいますが、それ以外は特に挟んではいません。購入した際に「超」整理手帳には、記録用のメモ欄が挟んであったのですが、すべて破棄しています。「超」整理手帳は、裏表合計16週分が一枚の紙になっているのですが、それを3枚挟んで、済んだものは保管。48週以降の分は、まだ携帯しません。

したがって、このスケジュール帳は、発想を管理するためにはまったく使っていません。その目的のためには、別途、手帳を用意する必要があるということは、ご理解いただけたでしょう。

	手帳	スケジュール帳
目的	発想の管理	日程の管理
商品名	コクヨキャンパスノート5号	「超」整理手帳
書き込み回数	日に10回以上書き込み	日に数回書き込み
書直し回数	日に10回以上見直し	日に数回見直し
休日	休日も携帯	休日は携帯しないことも
挟むもの	ペンを挟む	書類を数枚挟む
書き込む内容	数日以内に処理すべき案件	1年後までの予定
更新	3週間に1回手帳を更新	16週毎に1回ページを更新

手帳とスケジュール帳の使い分け
「発想の管理」にはスケジュール帳をまったく使いません。

対照的に手帳のほうは、発想の管理が目的です。だから、日に数回から十数回書き込みます。移動がある日などは細切れ時間も多く発生し、その分だけ発想もあれこれ浮かびますから、一日に何回も書き込みます。また、書き込むついでに直前のページを2、3ページめくりますから、一日に何回も見直すことになります。そのつど、自分が抱えている仕事を確認し、急ぐべき仕事を選別していくのです。

発想の発生は覚醒時間の全体、朝目覚めてから夜眠りにつくまでの全時間ですから、手帳の携帯は常時です。休日ももちろん携帯します。

手帳には、書類などはペンを挟んで、瞬時に書けるようにしますが、書類は挟みません。胸ポケットから取り出して、書き込んで、また胸ポケットにしまうということを繰り返しますから、その拍子に書類が落ちることはあり得ます。

雨の日の満員電車のなかで書類を落として、踏みつけられて、探すことすらままならないとか、台風の日に駅のプラットホームでメモを取るというような状況もあることを思えば、書類は挟まないほうが無難です。どうしても必要なときは、ゼムクリップでしっかりと挟むようにしています。


書き込む内容は、情報として数日以内に処理すべき案件に限定しています。唯一の例外は1頁目に書かれた「持ち越し案件」のリストだけです。そして、手帳の更新は2、3週間に一回。

したがって、情報はすべてその賞味期限が短いものばかりということになります。

手帳を予習型にするか、復習型にするか

『プレジデント』誌の2015年8月3日号「ムダ時間ゼロ！　毎日がラクになる日本一すごい時間術」のなかで、「佐藤優の手帳テクニック全公開」という特集がなされていました。私の方法との共通点もあれば、相違点もありました。共通点は、以下です。

■アポの予定を書くスケジュール帳（佐藤氏は「手帳」と呼ぶ）と出来事やアイデアを書く手帳（佐藤氏は「ノート」と呼ぶ）とを使い分けること

■日々発生するあらゆるメモを、手帳（佐藤氏の「ノート」）一冊に書き込み、短期間で使い切る（私の場合A6サイズ・5号ノートを2〜3週間、佐藤氏の場合一回り大きいB5サイズ・6号ノートを1〜2か月）

■その日の出来事、発想等を、仕事かプライベートかに関係なく、時系列で書き込む

しかし、**重要な違いは、私は予習型であるのに対して、佐藤氏は復習型である点です。**

佐藤氏の場合、手帳に主として書き込むのは、その日に起きた出来事だといいます。書き込む事項は、仕事に限らず、朝何時に起きたかとか、誰と会い、どのような話をしたのかなどを、仕事、プライベートに関係なく書いていくといいます。

一日の行動を振り返り、その記録をインデックスとして残すとのことです。

毎日の行動を記録することは、無駄にはならないはずで、その理由は、一日の行動を振り返ることで、不要な仕事の存在や非効率な時間の使い方を把握できるからだといいます。

私の場合、手帳に主として書き込むのは、これからすべきことのリストです。佐藤氏のように一日を振り返って、記録するということはしていません。

帰りの電車のなかで、手帳を見て、一日を振り返ることはありますが、その場合、終了した案件を二重線で消すことと、未処理案件に赤い丸を付けて、明日以降の課題として残すことが目的でした。

『プレジデント』誌の 2015 年 8 月 3 日号
「佐藤優の手帳テクニック全公開」で共通点を発見。

私の場合、まだまだ、仕事に追われていて、仕事を振り返る余裕がないということかもしれません。しかし、仕事に追われているからこそ、無駄を削って、時間を捻出するべきであり、そのためには予習型だけではなく、復習型の手帳技術も必要かもしれないと、思い始めているところです。

この点は、順天堂の小林弘幸教授も日記を書くことを勧めておられます（『「3行日記」を書くと、なぜ健康になれるのか？』）。

小林教授の場合、佐藤氏のように一日の行動の詳しい記録をつけるのではなく、①今日一番失敗したこと、②今日一番感動したこと、③明日の目標、をそれぞれ1行ずつ書くという、実にシンプルなものですが、それでも一日を振り返ることの意義を強調している点は、佐藤氏と共通しています。

私は日頃から若手医師には、「精神科医として成長したければ、方法は簡単。予習と復習だ。今日診た患者のカルテを読み直す。明日、診る予定の患者のカルテを読み直す。それを毎日、患者の数だけ繰り返せば、飛躍的に成長する」と言ってきていました。

しかし、私は、彼らほどには復習することをしていなかったかもしれません。私の場合、精神科医としてはともかく、マネジメント職としてはまだ発展途上なので、予習とともに復習も行って、復習した結果をもとに予習するという方法も取り入れるべきかもしれません。

特に、**一日の時間の使い方のなかに、習慣的に無駄を発生させている可能性があります。**無駄をあぶりだすには、行動の一つひとつをリストアップして可視化してみる必要もあるでしょう。そうすれば、修正すべき習慣の癖を発見できるはずです。

2、3週間に一回は持ち越し案件の洗い出しをする

手帳を2、3週間で使い切った後、新しい手帳の最初の右ページには〈持ち越し案件〉として、前ノートからの未処理案件をリストアップします。

この作業は非常に重要です。本来は、一日一回、その日の未処理案件を確認するのが理想ですが、なかなかそうはいきません。

そこで、手帳を更新するタイミングで、使用済み手帳の記載内容のうち、まだ二重線が引かれていない内容をチェックしていきます。すなわち、**2、3週間ごとに未処理案件の全体を確認するのです。**そうすると10日前に記されていた重要な案件が、そのままであることに気づくこともあります。

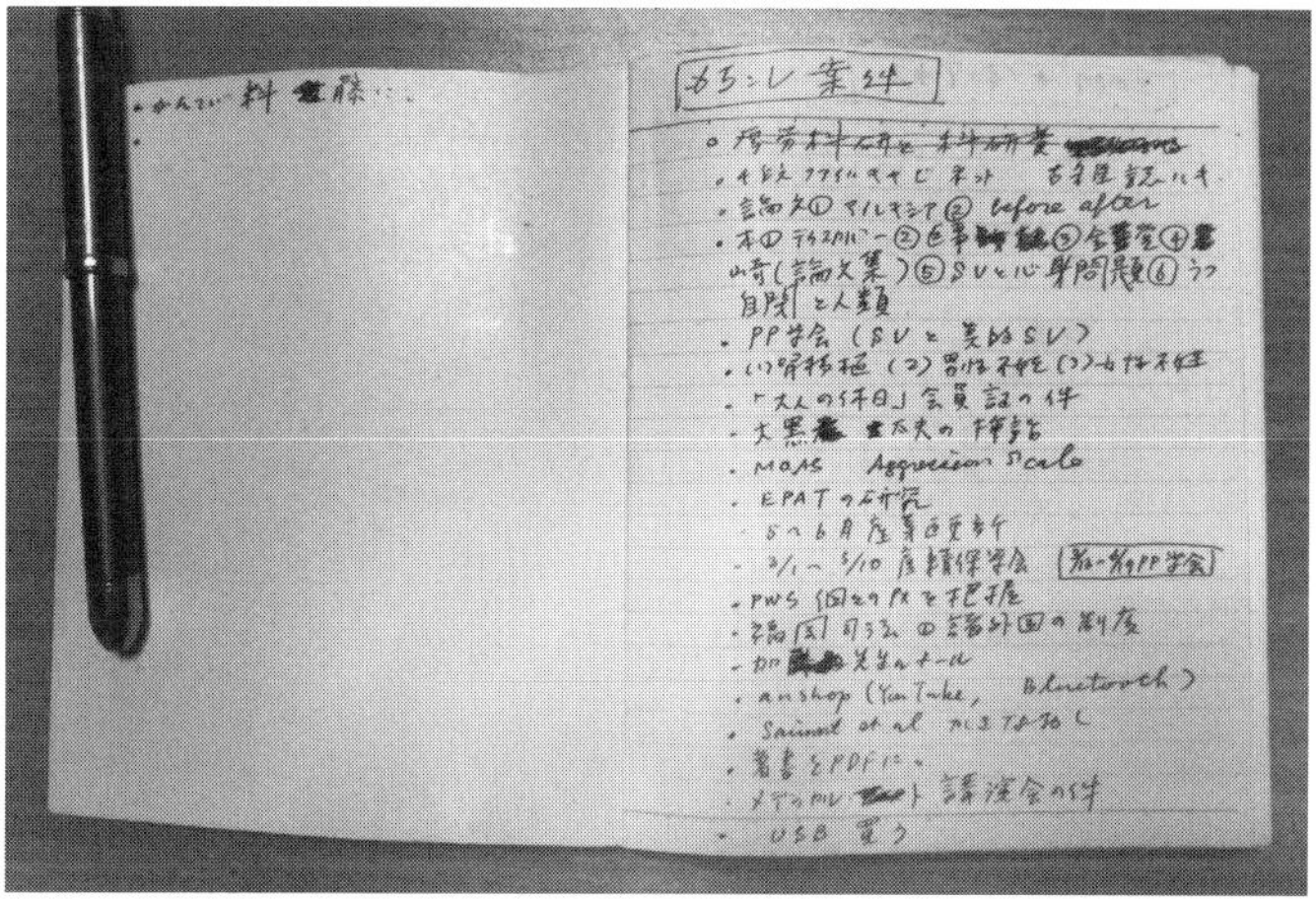

新しい手帳の最初の右ページ
前ノートからの未処理案件をリストアップしておきます。

出版社からのメールで返信が必要なのに、受信のときにはいいアイデアが浮かばなくて躊躇していたが、その後、それなりの知恵が浮かんで、それを書いて返信しようと思って忘れていたものを、今さらながらに発見するなどの場合があります。

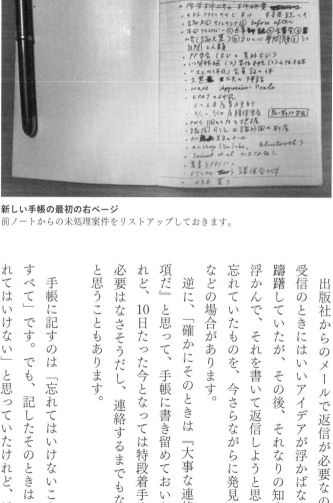

逆に、「確かにそのときは『大事な連絡事項だ』と思って、手帳に書き留めておいたけれど、10日たった今となっては特段着手する必要はなさそうだし、連絡するまでもない」と思うこともあります。

手帳に記すのは「忘れてはいけないことのすべて」です。でも、記したそのときは「忘れてはいけない」と思っていたけれど、10日もたってみれば、「無視して構わない」案件だったと気づく場合もあります。その場合は、二重線で消して、忘れてしまえばいいのです。

手帳更新のタイミングは、ここ2、3週間の全仕事を振り返り、手落ちがないか、無駄がなかったかの洗い出しを行う絶好の機会です。

その日のうちに返信する必要はないが、しかし、1か月も待たせてはいけないという案件はたくさんあります。「今すぐ」やる必要はなかったが、2週間以内にしなければいけなかったこともまた、たくさんあります。

そういう案件への対応に関して、手ぬかりなく執り行うために、手帳更新の機会をうまく利用すればいいのです。その逆もあって、そのときは「急いで何とかしなければ」と思ったけれど、その2、3日以内に状況が変わって、今では静観していて差し支えなくなった場合もあります。

逆に言えば、一冊の手帳を1か月以上もかけて使うことにはリスクがあります。手帳更新の際の振り返りの作業が、それだけ間隔が空くことになるからです

第1章「発想の管理」のまとめ

- 突然浮かぶ発想を逃さないために、一日中手帳を持ち歩く。
- 手帳にすぐ書き込めるよう、今日書くところにペンを挟んでおく。
- 手帳におすすめのノートは5号サイズ（A6：148×105㎜）のコクヨのキャンパスノートB中横罫（6㎜×21行　48枚）
- ボールペンのおすすめはゼブラ・スラリシャーボ2000。
- メモは、日付を記入して、時系列で書く
- 書く内容は、① To Do リスト②仕事のアイデアが主なものだが、その他、「報・連・相」すべき内容、部下へ指示・確認すべきこと、人事案、電話の内容等、思い浮かんだことは何でも書いておく。
- 思い浮かんだことは5秒以内に書かないと忘れる可能性が高い。
- 仕事は発生しても「すぐやる」必要はまったくない。手帳に書いておいて、優先順位をよく考えればいい。
- スケジュール帳は別に用意して、発想を管理する手帳とは使い分ける。

コラム　万年筆の楽しみは、手帳では禁じる

私は、万年筆をこよなく愛する男で、ペリカンの「スーベレーン」、パーカーの「デュオフォールド」、「プリミエ」、プラチナの「プレジデント」、「＃３７７６センチュリー」、パイロットの「キャップレス」、「エラボー」など、すべてを使うことが不可能なほど、あれやこれやと無駄に所有しています。

ともあれ、私の万年筆が好きな理由は、ひとえに、止め・はね・はらいといった、筆記の技巧を楽しみたいからです。机に向かい、紙を左手でしっかり押さえて、万年筆で一文字一文字を丁寧に書いていくことは、私にとって心穏やかな時間をもたらします。

デュオフォールドの中字などはメリハリを利かせることのできるいいペンなのですが、その一方でかなり強く左手で紙を押さえていないと、微妙な紙の跳ね返りにペン先が反応して、字がすぐに乱れてしまいます。私の筆圧にもっともしっくりくるのはプラチナの万年筆で、ひらがなの曲線が実に美しく湾曲してくれます。

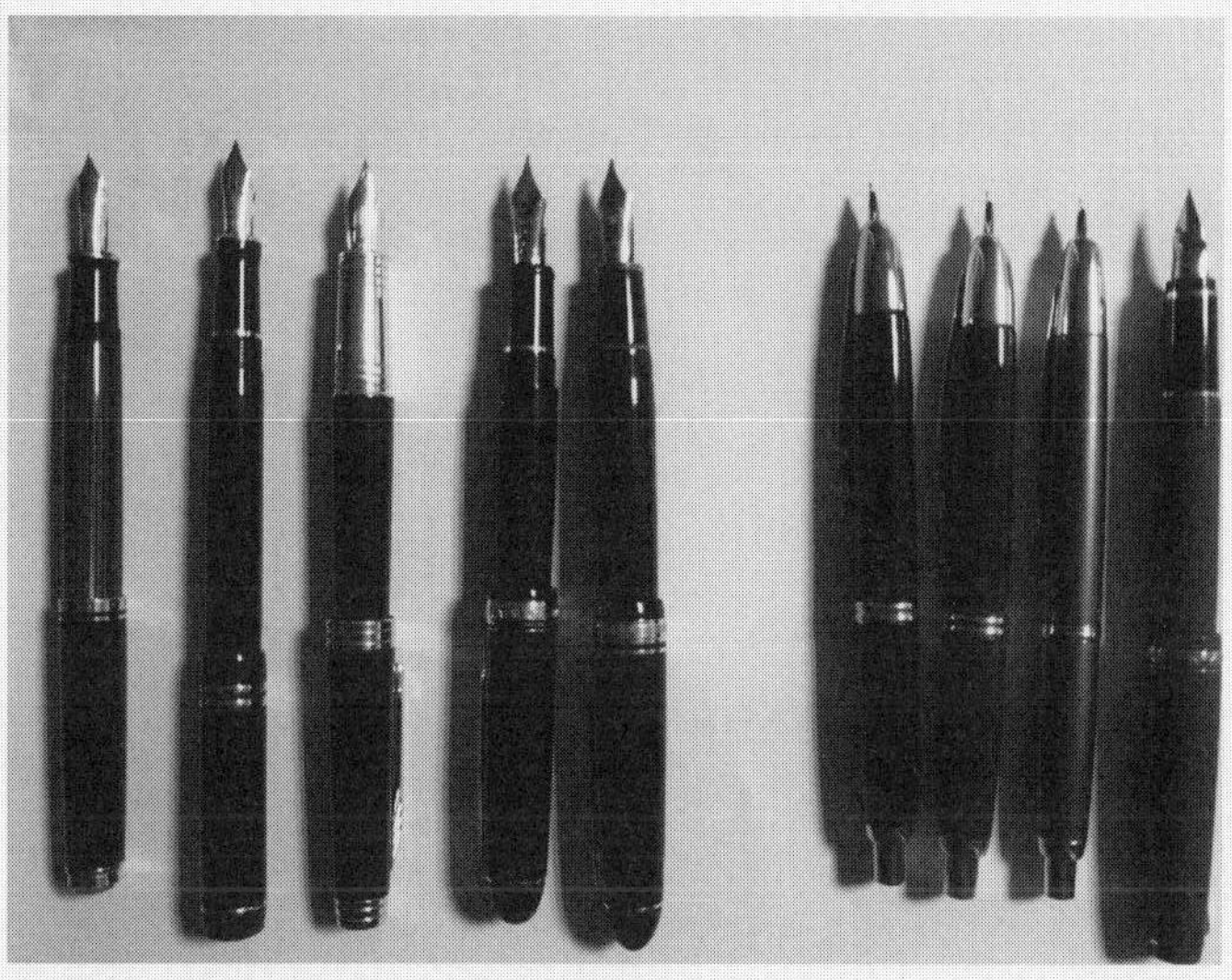

我が愛する万年筆
残念ながら、メモを取るには不向きです。

でも、万年筆の楽しみは、手帳を書く場合には、自らに禁じています。

手帳は、歩いている最中に立ち止まって、直ちに書く、ということを前提にしています。5秒以内に書き留めることが目的です。

そのためには、万年筆は不向きなのです。

万年筆は、椅子に座って、机に紙を置いて、左手で紙を十分押さえて、ゆっくり書くもの。立ったまま左手に持ったノートに走り書きするのなら、ボールペンのほうが向いています。

筆圧は弱いほうであり、その上、立ったまま手帳を左手に持って書くというスタイルが多いのですから、ある程度濃く書けるペンを使いたいところです。

現在は、ゼブラ社の軸径10・3㎜の「スラリシャーボ2000」を4、5本持っていて、それを使っています。書き味は私の筆圧にはあっているように思います。

このペンは、黒、赤のボールペンにシャープペンシルがついています。普段は、赤と黒を使い、シャープペンシルの部分はあまり使いません。

普通は黒で書き、下線を引いたり、記事を囲むときに赤を使います。しかし、赤で文字を書いていく場合もあります。赤・黒の二色を使うのは、見た目のわかりやすさのためです。

手帳に関しては、万年筆道楽は控えて、目的に合うペンを使っているというわけです。

第2章

書類の管理

――修正型『超』整理法を活用する

必要な書類を30秒以内に机上に取り出せるようにする

さて、前章「発想の管理」では発想が浮かんでから書き留めるまでの時間として「5秒以内」ということを目標にしていました。厳しくしたのは、5秒を超えると、せっかくの発想も失われてしまうからです。

それでは、書類に関してはどうでしょうか。仕事を中断して書類を探しているうちに、大切な発想は失われていきます。でも、書類探しの場合は、5秒はさすがに無理でしょう。それでも、できるだけ時間をかけず、労力も費やさず、何よりも脳の集中力をそれまで向き合っていた仕事からそらさないようにしなければいけません。

そのためには、所用時間は短ければ短いほどいい。かつ、探し物をするときに、頭を使わないほうがいい。つまり、探し物の最中にも仕事のことを考え続けていられるほどに、簡単に書類が見つかるほうがいいのです。

私の場合、「30秒以内」を目標にしています。すなわち、「**必要な書類を30秒以内に机上に取り出せる」ようにするのです。**書類探しのために思考が中断される時間を、30秒以内に抑えることが目標です。

たとえば、3か月後に横浜で行う「不登校の臨床」に関する講演会で、講演資料をパワーポイントで作っているとします。そして、講演会が一般市民向けだったか、学校関係者向けだったか、医師会の一般医向けであったか、精神科診療所協会の精神科医向けであったか、それとも大学病院精神科のアカデミックな人たちを対象にするものであったか、わからなくなるとします。それで、1か月前に送られてきた「11月3日　横浜・講演会・不登校の臨床」の書類を探そうとする状況を想定してみましょう。

このときに、もし、書類がすぐに見つからなかったらどうなるか。それまでは、「不登校の臨床」に関して、起立性調節障害のこと、睡眠相後退症候群のこと、長距離通学の問題、部活の朝練の問題、いじめ、女子の月経前緊張症や鉄欠乏症など関連する多くのことを考えていました。あとは、表現の仕方を、一般向けか、専門家向けかに微妙に変えればいいだけのはずだったのです。

ところが、探し物をしている間に、考えていたアイデアはどこかに行ってしまいます。**探し物というものは、かなりの負担を脳に課します。**致命的なまでに注意を散漫にさせます。探している最中に「不登校の臨床」に関して、あれこれ考えていたことはどこかへ行ってしまいます。

5分も10分もかかれば、それまで考えていたことがすべて白紙に戻されます。せっかく、探し物が見つかっても、その間に費やした5分のロスタイムは大きく、発想のほとんどを失って、また一からやり直さなければならなくなります。

だから、最長でも30秒以内に必要な書類を見つけ出す必要がある。探し物に長い時間をかけるわけにはいかないのです。

いつでも、どの案件でも、同じ場所から資料が出てくるようにする

私のところに面会に来ていた製薬会社のＭＲ（医薬情報担当者）さんが、驚いて言ったことがあります。

「いつ面会に来ても、どんな案件であっても、すぐに、引き出しのほぼ同じところから資料を出してくるのですね！」

それもそのはずです。彼が来るその瞬間に、彼との面談に必要な資料は机袖のキャビネットのその場所にあるからです。

この点は、彼がいつ来ようが、どの案件で来ようが同じです。誰が来ようが、いつ来ようが、どの案件であろうが、必要な書類は9割がた、そこにあります。椅子から立ち上がって、室内のあちこちを探す必要はありません。

そんなことが可能なのか？　可能です。私はそうしています。

正確には「そうしよう」と努力してはいません。努力などしていなくても、私の資料はそのようにしまわれています。

私の意思とは無関係に、必要な資料は、それが必要なときに、そのときに限って、いつも必ず、引き出しのほぼ同じ場所にあるのです。

当然、30秒以内に机に出すことができます。

ご説明しましょう。こういうからくりです。

ＭＲさんの面会予約は、数日前にメールなどで入ってきます。ここは「埼玉製薬のＭＲ花田さん」からだということにしましょう。

そうすると、「9月1日17時」などと、日時を指定する返信を送ります。そして、その場で通信記録をプリントアウトし、クリアファイルに入れて、角型2号封筒（タテ３３２ミリ、ヨコ２４０ミリ。Ａ４書類が入るサイズ）に入れます。

花田さんからのメールに添付ファイルがあれば、それも印刷して、封筒に同封します。

そして、封筒の左端に「９／１ 埼玉製薬　花田氏　10月川口での講演会に関して」など

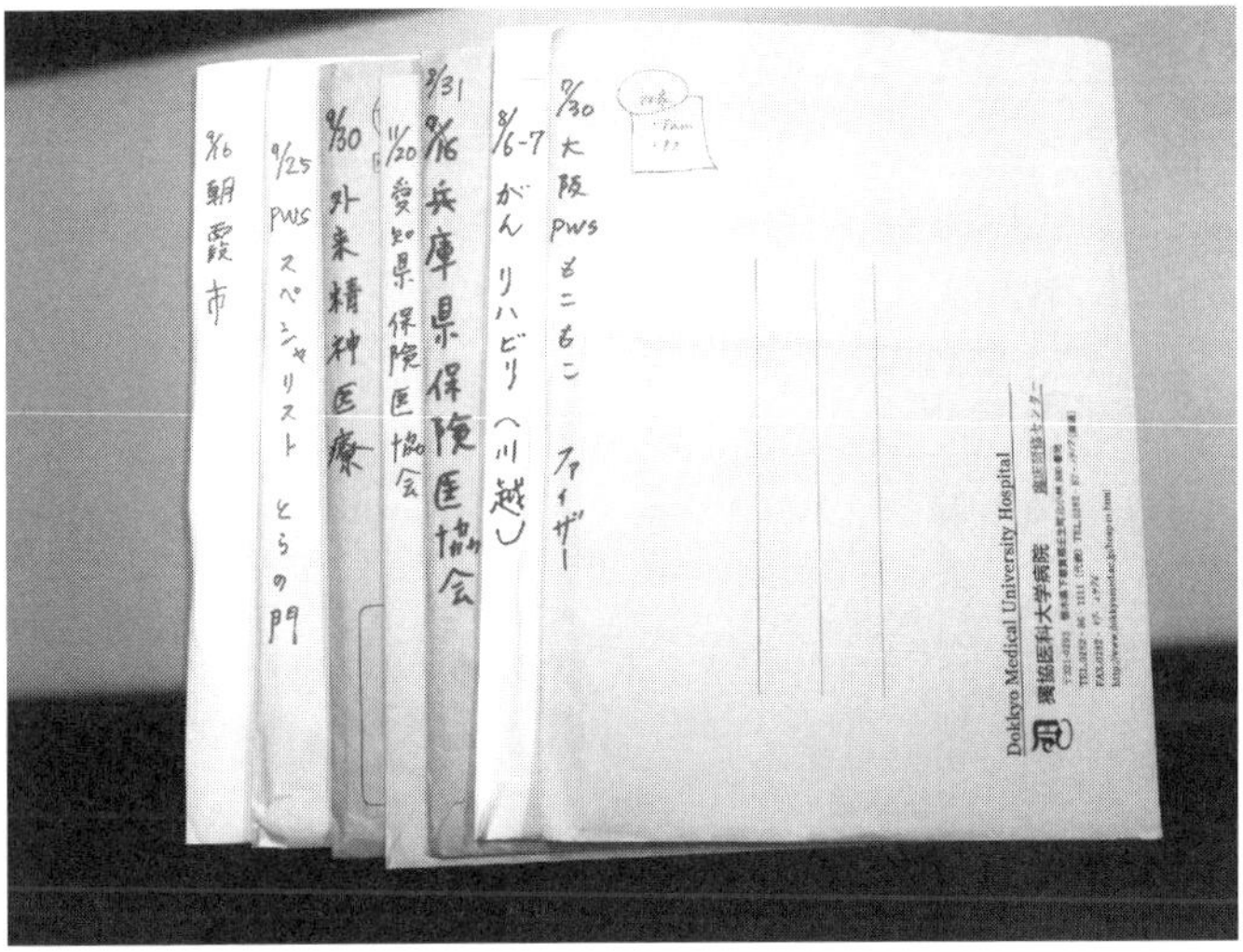

封筒の束
封筒の左端にタイトルを記入します。

キャビネットのなか
左端のタイトルが見えて、必要な書類が一目瞭然です。

と記します。それを机右袖のキャビネットの一番手前に、長辺を上にして入れます。

その後、9月1日までの数日間に、次々に書類が発生します。庶務課からの会議資料、若手医師の論文の草稿、臨床研修センターから送られてきた卒後教育関係の資料、学会から送られて来た専門医制度関係の書類などです。

それらも同じ方法で、「8／31締め切り、診療関係アンケート」、「9／2まで、Dr.伊藤、総説論文校閲」、「8／31臨床研修センター会議前に要検討」、「9／15提出締め切り、学会、専門医制度関係」などと最小限の情報を左端に書いて、次々にキャビネットの一番手前に入れていきます。

9月1日までの数日間に、「9／1 埼玉製薬 花田氏 10月川口での講演会に関して」の封筒は、「8／31締め切り、診療関係アンケート」、「9／2まで、Dr.伊藤、総説論文校閲」、「8／31臨床研修センター会議前に要検討」、「9／15提出締め切り、学会、専門医制度関係」などの封筒に押されて、少し奥に場所を移します。それでも机袖キャビネットの一番奥まではいきません。キャビネットの手前、20センチ以内のところにはあるはずです。

キャビネットのなかから封筒を取り出す
30秒もかからずに取り出せます。

花田氏が来訪します。私は「お待ちしておりました。どうぞおかけください」と言って、花田氏に椅子を勧めます。そして、カギを開けて、右袖のキャビネットを引きます。キャビネットに並んでしまわれている角型2号封筒を、「埼玉製薬　花田氏」の文字を頼りに、手前から一つずつチェックしていきます。

「9／15提出締め切り、学会、専門医制度関係」、「8／31臨床研修センター会議前に要検討」、「9／2まで、Dr.伊藤、総説論文校閲」、「8／31締め切り、診療関係アンケート」などのファイルを繰っていって、ほどなく、「9／1 埼玉製薬　花田氏　10月川口での講演会に関して」

封筒が見つかります。いつも通り、キャビネットの、手前十数センチあたりにありました。

これを花田さんと会うたびに繰り返していました。ポケットからカギを出し、それを鍵穴に突っ込んで回して、キャビネットを引いて、封筒ファイルを一つひとつチェックして、ついに取り出すまでの全行程で、まず30秒はかかりません。

花田さんが腰を下ろして、持参したタブレットを開こうとしているころには、資料は机の上に広げられています。

私は、この方法で「今、必要な書類」の9割を30秒以内に発見することができます。どの案件であろうが、誰に関わる案件であろうが、その書類が必要なときには、そのときに限って、不思議とその場所にあります。

それもそのはずで、「今、必要な書類」の9割が、そのときを待っていたように、キャビネットのほぼ同じところにしまわれているからです。私としては、事前にその場所に置こうと意図しているわけではありません。自然に、そのときに、その場所に置かれるようになっているのです。

野口悠紀雄氏の「超」整理法をどのように修正したか

ここまで読んでお気づきの人もいるでしょう。**この方法は、野口悠紀雄氏の有名な『「超」整理法』をほんの少し修正しただけです。**「修正型『超』整理法」と呼ぶことにします。

修正ポイントは、以下の3点しかありません。

①本棚ではなく、机右袖のキャビネットを使い、普段は施錠する
②封筒の右肩ではなく左端に日付と内容を書く
③短辺でなく、長辺を上にして立てる

こうすることで、机袖のキャビネットのなかで、必要度の高い書類は手前にある。必要度の低い書類は奥にある。このような秩序が出来上がります。

「『超』整理法」原法との違い

野口氏の原法を、名著『「超」整理法』に従ってまとめてみましょう。

イ）本棚に一定の区画を確保する
ロ）角型2号封筒を大量に用意する
ハ）書類などをひとまとまりごとに封筒に入れる
ニ）封筒の右肩に日付と内容を書く
ホ）封筒を縦にして、本棚の左端から並べていく

基本的にはこれだけです。その後、新たに到着した書類や資料は、同じ方法で封筒に入れて、本棚の左端に入れる。取り出して使ったら、また左端に戻す。こうすると、最近使ったファイルは左に、長く使わなかったものは押し出されて右に移っていく。

これに対して、私による修正型「超」整理法では、イ）のところで本棚の代わりに机の右袖キャビネットを使い、かつ、執務中以外は施錠します。ニ）の代わりに、封筒の左端

に内容を記し、ホ）のところで、封筒を長辺を上にして立て、左端の記載が見えるようにします。違いはそれだけです。

一週間で秩序が完成

この方法だと、「必要書類の9割を30秒以内に発見できる状態」を、ほぼ一週間程度で確立することができます。

具体的な方法を、野口氏の名文をアレンジして、以下のように説明しましょう。

まず、机右袖のキャビネットを引き出して、中身はすべて段ボールに入れてしまいカラにする。そして、角型2号の使用済み封筒を大量に用意する。それから、ペン先が中字以上の万年筆（ないしマジック）を用意する。

そして、机の上の書類をひとまとまりごとに封筒に入れ、これを「ファイル」と呼ぶ。封筒の左長辺付近に、その書類の提出期限を大きく太い文字で書き（9月10日なら、9／10のように）、内容を「越谷保健所市民講座、中央公民館」などと書く。この封筒をキャビネットの一番手前に、左長辺を上にして立てかけてしまう。

次いで、新たな案件が発生したら、同じく封筒の左長辺に「9／14　臨時教授会資料」などと書いて、キャビネットの一番手前にしまう。次の案件が発生したら、「9／13　○○新聞医療情報部鈴木記者取材」などと書いて、やはり、キャビネットの一番手前にしまう。これを延々と繰り返す。

3日後に「越谷保健所市民講座、中央公民館」関係で保健所から重要な事務連絡がメールであったとすれば、その内容を印刷する。そして、引き出しから、少し奥に進んでいた「越谷保健所市民講座、中央公民館」封筒を探し出して、そこに印刷した最新メールを入れる。そして、引き出しキャビネットの一番手前にしまう。


この作業をファイルの種類にかかわらず、一貫して行います。

こうして一週間もすれば、「必要書類の9割を30秒以内に発見」できる状態が完成します。

この方法は、重要性と更新日時とは強く相関するという法則を利用しています。その結果、手前には重要なものばかり、奥には重要でないものばかりが整然と置かれます。

その結果、必要な書類が引き出しを開けて直ちに取り出せるわけです。

机袖のキャビネットを使えば秒殺処理できる

執務中はスピード勝負です。そのためにこそ、本棚ではなく、机袖のキャビネットを使うのです。

大学病院の臨床系教授の事務処理の忙しさについては、序章でその実態を記しておきました。

執務中の私どもにとっての書類は、手術中の外科医にとっての手術器具のようなものです。外科手術ならば、1、2秒を争う。私どもの書類仕事は、1、2秒までの厳しさは必要ありませんが、しかし、1、2分では長すぎます。やはり、30秒以内には書類を手元に出せなければいけません。

外科医の場合、手術中は無駄な動きを最小限にしています。一刻を争う手術中に器械を探すような手間を省くために、事前に器械出し担当看護師が器材を準備し、術中は手術者の指示とともに1秒以内に手渡すということを繰り返します。

「メス!」、「鉗子（物をつかむのに使うハサミ型の器具）!」、「ペアン（鉗子の一種）!」「クーパー（剪刀）!」などと外科医が叫び、看護師が直ちに手に器械を握らせるシーンは、医療ドラマでもおなじみです。

看護師は、手術の流れを読んでいますから、次にどの器械が必要になるかは予測できています。だから、指示のあと直ちに器械が出てくるわけです。

執務中の私には、助手がついているわけではないので、必要なものはそのつど自分で手に取ることになります。多種多様な仕事を秒殺で処理していくためには、書類に限らず、必要なものが瞬時に出てこなければ仕事になりません。

これを出して、処理して、すぐにしまい、次いで別の書類を出して、処理して、すぐにまたしまう、ということの繰り返し。このときに、書類を取り出す場所も、しまう場所も、手の届く範囲にないと、仕事の流れが滞ります。書類のファイルも数分ごとに交換します。「取り出し、しまう」という作業を事務処理の一連の流れのなかに無理なく位置付けるためには、保管場所は机上からの距離が近いほどいい。となると、机袖のキャビネットが最適ということになります。

仕事の流れを円滑にするためには、書類の保管場所だけではなく、ゼムクリップの位置、学内用封筒の位置、未処理書類の位置、処理済み書類の位置、キーボードの位置、マウスの位置などを、いつも通りにそろえます。

クリアファイル、ペーパーナイフ、はさみ、ボールペン、万年筆、ホッチキス、ごみ箱なども、すべて定位置に置きます。

PCはもちろん、プリンターの電源も入れ、用紙の補充を行う。さらにいえば、BGMの作業用音楽をかけ、ブルートゥーススピーカーの位置を決める必要もあります（近すぎると耳障りになる）。

私は高校生の頃、百人一首のカルタをやったことがあります。そのときにわかったことは、カルタの札を自分が取りやすいような決まった場所に置くのがポイントだということです。たとえば、「きりたちのぼる」を左前方の第一列ならそうと決めて、「村雨の」の「む」

が聞こえたら、すぐ左前方を払う。この動作の素振りを何度もやっておくのです。

事務処理は、ここまでのスピードはいりません。それでも、**物の置き場所を決めるルーチンは、毎日仕事前に行っています**。仕事に集中する前の準備の段階で、物を自分にとってのベストポジションにそろえるのです。

そして、右袖下の引き出しについては、開錠して、少し、開けておきます。こういうルーチンを行いながら徐々に気合を入れていって、「いざ、仕事！」となります。

書類処理は、いわば、**一種のスポーツであり、無駄な動きを最小限にすることがスピーディな処理につながる**わけです。

忘れてはいけない施錠管理

本棚ではなく、机袖のキャビネットを使うもう一つの理由は、コンフィデンシャリティの高い書類の管理にあります。

机袖のファイルキャビネットは、机を離れるたびに施錠しています。それは、ひとえにコンフィデンシャルな情報を扱っているからです。この点、医師は、野口氏のような純学者とは異なります。

たとえば、医師派遣を依頼してきた関連病院の院長が、給与等の条件を記した書類を送ってくることがあります。

採用試験に応募してきた者の履歴書を、面接試験の当日まで管理させられることもあります。

当院の他の診療科で発生した医療事故に関する報告書が送られてきて、3日後の調査委員会までに読み込まなければいけない場合もあります。

所属長は安全配慮義務（健康管理責任）を担わされていますので、その一環として部下たちの定期健康診断の結果を保管させられています。

院内のある病棟で患者が女性看護師に対して破廉恥な行為を働き、警察に届け出るかで検討中の事案があり、その報告書を保管している場合もあります。

さらに、臨床研修センター（研修医の臨床研修を管理する部署）から遅刻常習犯の研修医への対応についての報告書が届く場合もあれば、研修医の成績評価表などもあります。

私の場合、司法精神医学を専門にしているので、その関係の一件書類もあります。刑事精神鑑定の場合は、段ボール単位で書類が送られてきますので、机袖下とは別に、4段のキャビネットを設けてそちらで施錠保管しています。

医療観察法審判関係であれば、厚くても2センチ程度のファイルなので、机袖下のキャビネットで管理します。しかし、事件自体は殺人・強姦・放火事件等ですから、はなはだ物騒です。

こういう機密情報が、会議資料、論文草稿、学会からの資料、原稿依頼、講演依頼などの機密度の低い書類とともに、ランダムにしまわれています。会議資料のうち経営指標などは個人情報ほどコンフィデンシャルではありませんが、しかし、安易に内部情報が漏れるようでは、管理能力が問われます。

面会者と教授室で対応する場合は、意識的に施錠した状態にしておきます。お客が来訪するたびに、彼・彼女の目の前でカギを開けて、書類を出します。

誰しもが、機密情報、とりわけ自分に関する個人情報を粗雑に扱ってほしいとは思っていないはずです。逆に、野口氏のように開架の書棚に他の封筒と一緒に無造作に置かれていることを知れば、先方はいい気がしないでしょう。

検察官が事務官を連れて、重大事件の精神鑑定について協議に来たときに、事前に送っていた事件記録が、書棚の誰でもすぐ手が届くところに置かれていたとすれば、「この医者と一緒に仕事をして大丈夫か?」と不安にもなります。

私としては、**私の情報能力について信頼をいただけるよう、面会者に対してはカギを開けるところから面談を開始するようにしているわけです。**

ペーパーレス時代のペーパーワーク

今は、俗に「ペーパーレス時代」と言われます。しかし実際には、**書類配布の手間を省き、印刷の作業を個人に課しているだけではないかと思うこともしばしばです。**

管理職のところには、紙媒体でも、メールでも、毎日膨大な資料が送られてきます。大部な資料を速読して、重要性・緊急性を判断して、即座に決断して指定された部署に返送するとともに、直ちに次の大部な資料に取りかかるということを、エンドレスに繰り返しています。

「確かめもしないで判を押す」ことを、以前は（失礼ながら）視覚障害者に喩えて表現していたことがありました。

まったく確かめないで判を押すことは、もし、それが重要な書類であった場合、後日窮地に陥ることがあります。

しかし、詳しく見る必要がない書類に関しては、少しだけ確かめて直ちに返送・転送することは、意識して行わなければなりません。

そんな書類を精読してはいけません。もし、送られてくる書類のすべてに目を通していたら、時間はいくらあっても足りません。

限られた時間に費やすべき労力を、重要性に応じて傾斜配分し、緊急性に応じて優先順位を決めることが、マネジメント能力を決定します。

こういうときに、「目をつぶって判を押す」とまではいわないが、しかし、**すばやく表面的に見て、重要性・緊急性を即座に判断して、それ以上は見ることをしないスキルは、必須の資質といえます。**

メールの即断・即返は危険

その場合に困るのは、メールとその添付資料です。**メールの内容は、読んでその内容を瞬時に判断することがとても難しいのです。**

紙の書類ならば、ページをめくっているうちに、締め切りがいつなのかとか、自分に何が求められているのかなどが、わかってきます。ある程度読めば、自分にとって重要な書類ではない場合は、そのことにすぐ気づきます。だから、「この辺で読みやめる」という判断がつきます。

ところが、メールの場合は、読んでもなかなか重要な個所にたどり着けない。たどり着けていないのは、そもそも自分にとって重要な情報ではないからかもしれませんが、しかし、最後まで読んでみて、「○月○日をもって、締め切らせていただきます」とあって、それが年に一回の重大な資格更新の期日であったことが、やっと判明して血相を変えるということもあります。

画面で読んで判断することが難しい。そうなると、つい先延ばしにしてしまう。すると、「先週送ったあのメールの件どうなっているんだ?」と怒りのメールが飛び込んでくることがあります。突然電話が鳴って、「資料だって? そんなのとっくの昔にメールで送っただろう。まさか見てないわけじゃないだろうな」といった恫喝を受けることもあります。

怒りのメールや恫喝の電話であれば、そこに込められたパッションの度合いによって重要性を判断することができます。かえって困るのが、あまりにも淡々としたメールです。穏やかな文体で、静かに、冷静に、しかし、こちらには訳のわからないことが淡々と記されていて、その最後に、「本件は○月○日をもって終了いたしました」という最終審判が下されている場合もあります。

メールを送られてくれれば、それを読んでいないのは、こちらの責任とされる時代です。しかも、そのメールがすぐには理解できない。私に対して何らかの判断を求めている文書なのか、それとも単に「一応報告しておく」程度のメールなのか。

判断すべきとすれば、どの事項について判断を求めているのか。判断を保留すれば、他の人の判断が優先されて、そのまま事が進むのか、それとも、私が判断しなければ、その後の進捗が停止するのか。あるいは、判断しないと私自身の何らかの権利を失うような性質のものなのか。判断すべきとすれば、その場合の締め切りはいつなのか。そもそも締め切りがどこに記されているのか。しかも、そのメールには添付文書がついている。開いてみれば、ページ数が80もあることがわかって、分量に圧倒されて、中身を読むことはもちろん、印刷する意欲すら失せる。放置して数日したら、怒りの電話がかかってくる。こういう事態は本当に困ります。

メールを画面で見る、あるいは、添付文書を画面で見るのは、かなりの神経を使います。**神経を使いたくないから先延ばししてしまい、先延ばしにするから後で事が大きくなってしまうわけです。**

重要そうなメールは直ちに印刷しておく

この悪循環を避けるには、**重要そうなメールは、まず本文だけでも印刷してしまうことだと思います。**

「ペーパーレス」などというキャッチワードにほだされてはいけません。「ペーパーレス」は処理済み書類の管理のためなら意味はありますが、書類を読み込んで返答するといった実際の作業に関しては不向きです。

したがって、重要なメールは印刷する。そして、紙媒体書類に戻して、一読して、その後の対応は時間のあるときに考えればいいのです。

一読しただけで直ちに「別に判断を求められてはいない」とわかれば、その場で「メール拝受」の返信だけ送ってもいいでしょう。念のため添付資料をハードディスクに「名前を付けて保存」して、メールを印刷した紙は捨ててしまう（メールの履歴に原文は残っているから、プリントアウトを捨てても実害なし）。

これすら億劫な場合は、**手帳に「○月○日何時何分、M教授からのメール要確認」と記します**。そして、あとで確認することにして、さっきまで集中していた仕事のほうに戻ればいいでしょう。

ここでも手帳は威力を発揮します。**一日に何度も見直しますから、ここに書き留めておけば、その後忘れてしまうということもありません。**

どう考えても重要なメールだが、しかし、添付書類も膨大で、とてもすぐには読み込めない場合は、どうするか。

その場合、メール本文、添付文書ともにとりあえず印刷して、添付文書は引き出しのファイルキャビネットに保管する。そして、メール本文だけを読んで、要件の内容と締め切りだけでも把握して、締め切りをスケジュール帳ないし手帳に記せばいいでしょう。

ペーパーレスのデメリット

電子メールで毎日、膨大なファイルが添付されてきます。それらは、コンピュータのスクリーンで見るのは容易ではありません。ＰＣでは、あちこちを見るということができません。必ず見落としが出ます。

紙で見るか、コンピュータのスクリーンで見るかは、開腹手術と腹腔鏡下手術との違いにも比すべきものがあります。

腹腔鏡下手術は、硬性鏡という直径5ないし10ミリのカメラを腹腔に入れて、その画像をテレビモニター上に映し出して、動画を見ながら手術を行うものです。

この方法では、低侵襲であることに加え、カメラを病変に近づけて部位をモニター上に拡大して映すので、肉眼では判別できないような小さな病変も詳細に観察することができます。

しかし、**当然にして最大の欠点は、モニターに映し出されていないところで起きた出来事には気づきにくいことです。**

手術中は、モニターに映された部位から離れたところで、出血や損傷が生じていることもあります。視野外の重大なトラブルは開腹手術であっても気づくことが難しいのに、視野の狭い腹腔鏡下手術では、なおのこと困難になります。

同じことは、コンピュータのスクリーンで文書を読む場合にもあてはまります。スクリーンに映し出された情報しか読めないから、どうしても見落としが出ます。

スクロールしたり、キーワードで検索するなどして、全体像を把握する努力はするものの、上下に動くスクリーンを見るのは疲れるし、検索語でひっかからないところに落とし穴が隠れている場合もあります。

私は自分の研究室では27型（68・5センチ）のスクリーンを使っています。かなりの大型ですが、それでも画面上で文書を確認することにはリスクがあると思います。だから、メールに関しては重要なものはすべていったん紙に印刷しています。

画面で見ようとすればかなりの注意力を要します。注意力を要することがわかっているから、疲れているときはつい後回しにしたくなる。しかし、紙に印刷して、それを読んでみると、それほど判断の難しいものではないことに気づかされる。そして、その場で返信を打って終了。こういう経験がよくあります。

その逆もあります。画面で見て、それほど重要な案件ではないと思って一読してそのままにしておいたら、実は、資格更新に関わる重要なアナウンスで、締め切りが目前に迫っていたというようなことです。

紙に書かれた書類の場合、「あの書類の重要なポイントは、3、4頁目の右下1/3あたりのところに書かれていた」という位置の記憶が残りやすいのです。

再度、その書類を読むときに、そういった位置の記憶を頼りに、よく読むところとそうでないところとを区別して読むから、再読の時は最初の時より時間がかからなくなります。

このような位置の記憶がペーパーレス情報だと残りません。その結果、同じ文章を2度、3度と読み直さなければならなくなります。

自分で文書を作成して人に送る場合も、画面上だけで処理することは非常に危険です。似たような文章を大量に作成する日々においては、以前使った文書を「名前を付けて保存」して再利用することは、皆、行っていると思います。

しかし、ここには個人情報に関して大きなリスクがあります。PCで書類を作って、そのままメールで送信するなどは、危険極まりない行為です。**いったんは印刷して、固有名詞の間違いがないか、不適切な表現がないかを確認しなければなりません。**

また、部下に送った文書を再利用して上司に報告する場合、敬体の文章のなかに常体が混じってしまったり、最悪の場合、命令口調の一文が残ってしまっていたりします。メールを送る前に、紙に印刷して確認することは必須の作業といえます。

ペーパーレスのメリット

ペーパーレスのメリットは、使用することにではなく、保存することのほうにあるといえます。

読もうと思えば読みにくいし、メモを記すこともしづらい。しかし、いざ、保存となると場所も取りませんし、その後探し出すことも簡単です。そのメリットが発揮されるのは、論文の保管において、でしょう。

書類のなかでもかさばる最たるものが論文です。私は以前、紙媒体でキャビネットに保存していました。他の書類と同じく、封筒に入れて、修正型「超」整理法の法則に従って保存していたのです。しかし、およそ論文ぐらい「印刷したけれど、読まなかった」結果となる書類も少なくないように思います。

オンライン・データベースで論文を探して、見つかったときは、ある種の高揚感がありますから、それに任せてついつい、必要以上にコピーしてしまいがちです。

「これは大事な論文だ。あとでゆっくり読もう」と思って、結局読まない。あるいは、「大事な論文だ」と思って、コピーしてちょっと読んでみたら今の目的にとって重要な論文でないことに気づく。それで「でもまあ、あとで必要になるかもしれないから、保存しておこう」と思って、封筒に入れてキャビネットにしまう。

しかし、あとで必要になることはほとんどありません。こうして、膨大な論文ファイルがキャビネットのなかに死蔵されることになります。

あるときから、私は論文だけは、別のキャビネットに入れるようにしました。理由は、「必要な書類を30秒以内に」探し出す際に邪魔になるからです。無駄なファイルの数が多ければ多いほど、検索速度が遅くなります。

それに、そもそも論文は機密性がないので施錠管理の必要はありません。そういった理由で、論文は書類とは別に、施錠していないキャビネットに入れることにしました。しかし、こちらもあっという間に死蔵ファイルと化しました。

さらに愚かなことは、いざ読もうと思って、その死蔵ファイルを探そうとしても、その論文を入れた封筒名を忘れてしまって、なかなか発掘できない。

たとえば、「Dykens et al. 2011. Prader–Willi syndrome and autism spectrum disorders」

というプラダー・ウィリー症候群と自閉症スペクトラム障害との関連についての論文を読みたいと思ったところ、それが「プラダー・ウィリー症候群の行動障害」というファイルだったか、「プラダー・ウィリー症候群の遺伝子型」というファイルだったか、「遺伝と行動」というファイルだったかがわからなくなることがあります。

こういう場合、結局、いくつかの封筒を開けては探し、探してはしまい、を繰り返して見つからず、もう一度、検索エンジンを使って探して印刷し直すということもありました。電子媒体で入手可能な論文だったからよかったですが、そうでなければ紙媒体の論文を紛失した時点で、もうその論文は読めなかったことでしょう。

こういうことを避けるためには、**論文はPDF化して、ハードディスクに保存することだと思います**。場所をとらないうえに、探すことも容易です。

自分のハードディスクに保存してある論文の数は、オンライン・データベースとは異なり、量に限りがありますから、キーワードとして「autism」とか「Prader-Willi syndrome」などのような概括的な語を使ったとしても、ヒットするファイル数は多すぎはしません。保存して、しばらくたったころにもう一度読もうとしても、まず、探し出すことができます。そのほか**省庁、大学、学会から送られてくる分厚い資料も、保管の必要がある場合は、PDF化して保存しています。**

さいわい、私の場合、PDF化を頼める秘書がいますので、私は指示を出すだけで済んでいます。しかし、もし、秘書がいない場合はどうすればいいか。その場合、PDF化すべき紙文書を集めておいて、そのつど、データ化する際のファイル名を考えておき、週末などの時間があるときに一気にPDF化するのがいいでしょう。

ペーパーレス情報を、保存ではなく、使用を目的とする場合、数少ないメリットとしては、単語検索が可能な点があります。数十頁にも及ぶ英語の書類を読まなければならない場合、紙を繰っても繰っても目指すべき地点にたどり着けないことがあります。その時は特定の単語を用いて、検索してみれば、簡単に目的地にたどり着けます。

私は、カプラン&サドックの分厚い英語の精神医学教科書（Comprehensive Textbook of Psychiatry）を見ることがあります。この教科書は実に優れていますが、紙媒体は2冊にわたっていて、昭和時代の電話帳のように分厚く、かつ、紙の質も薄く、急いでめくればすぐ破れます。ですから、私は付録のCD-ROMのほうを使い、紙媒体は書棚に置くだけにしています。たとえば、トゥレット症候群（チックなどの症状を呈する）について調べたければ、"Tourette"の検索語で調べていけば簡単に見つかります。

医師の誰もが使う『今日の診療』（医学書院）という分厚いレファレンス・ブックがあります。私はこの書の電子媒体をこそ使いますが、紙媒体は使いません。この点は、同書の電子媒体がすっかり普及した今日にあっては、ほとんどの医師がそうしていることでしょう。

全体を見渡す必要がなく、調べ物をするだけのために読む場合は、紙媒体より電子媒体のほうが優れているかもしれません。

論文・書類を印刷して使う

英語論文を書く場合、複数の論文を同時に閲覧しながら書き進めることになります。その場合、ハードディスクに格納してある論文を紙に印刷して、そこに赤で線を引いたり、書き込んだりしながら、参照することになります。

英文論文執筆中の机の様子
複数の資料を広げられるスペースを確保しています。

私はかなり大型の机を使っています。ここにＡ５サイズの論文を５〜６本程度置いて、あの論文を見て少し書いて、そのあとすぐこの論文を見て少し書いて、そのあとまた元の論文に戻って少し書いて、さらに別の論文を調べて書いたところを修正するというように、あちこちを閲覧します。それが可能な程度のスペースは確保したいものです。

こういう場合、百人一首かるたの時と同じで、**「あの論文は左上のこの位置に、この論文は右端のこの位置に」というように「位置の記憶」を頼りに、あちこちの論文を渡り歩きます。**

この作業は、ＰＣの大型スクリーンを使ったとしても、容易に行うことはできません。

ＰＣの大型スクリーンのほうには、現在書いている最中の論文を立ち上げ、それを「表示」から

「新しいウィンドウを開く」を押して、二つ程度立ちあげておきます。

そして、**27インチスクリーンの右側に現在執筆中のページを置き、左側に検索用のページを置いています。**論文は、今書いているところと、そうでないところとの整合性が必要なので、書いている最中に自分が以前書いた箇所との矛盾を修正する作業が発生します。そのために、論文の執筆用と検索用との二部を画面上に開いておく必要があるのです。

しかし、参照する論文のほうは、PCに立ち上げて画面上であれを見て、これを見て、というわけにはいきません。こういう場合は、紙媒体のほうが威力を発揮します。そのためには、複数の論文を重ねないで、並べて5〜6本置いておけるぐらいの机のスペースが理想と言えます。

さて、印刷した論文はその後どうするか。その後は保存しません。**参照する目的が終了したら、紙媒体でそのまま残すことなく、破棄すればいいのです。**

しかし、もし、何度も赤ペンを引いた、引用個所をあとでもう一度参照する可能性が高いなどの理由で、どうしても保存したければ、少数に限定して紙で保存すればいいでしょう。でも、そもそもすでにハードディスクにあるのですから、紛失の心配はしなくてもいいはずなのです。

書類の破棄や出張、転勤、引越の準備も簡単にできる

「超」整理法の利点として、これは「修正型」だけでなくオリジナルの「超」整理法にも言えることですが、**破棄の判断が容易、出張の準備が簡単、引越に強いといった点が挙げられます。**

破棄の判断が容易になる

破棄の判断は容易であり、かつ、今、どの程度の量の書類を破棄すればいいかもわかります。週に厚さ5ないし10センチ程度でいいのです。

私は、週に一回程度、机右袖のファイルキャビネットからいくつか選んで破棄しています。

私の机には右袖に2段の施錠できる引き出しがあります。この上段に書類の新しいものを、下段に古いものをしまいます。

上段には、毎日、次々に発生した書類をしまっていきます。したがって、上段には一定のスペースが必要です。

一方、下段は、数か月使ったことのない書類ばかりです。当然、上段には重要性の高い、下段には低い書類がしまわれています。となると、明らかに破棄できる書類は上段より下段に多いはずです。それで、下段のなかでももっとも奥から順に書類を見ていきます。

とある日、奥のほうには留学先のケンブリッジ大学の学位記のコピーがありました。これは紙ではオリジナルだけを保管しておいて、あとは画像で保存しておけばいいですから、コピーを大量に保管しておく必要はありません。それで紙のコピーは破棄しました。

次に小児遺伝希少疾患関係のファイルが出てきました。こちらについては、分厚いが、いつでも、インターネットで検索できる資料は破棄、もしくは、資料を再度インターネットからダウンロードしてハードディスクに保存しておきました。一方で、個人情報に関わる貴重な資料のみを残しました。

次に、某大学のK教授から5年前にいただいた論文別刷が保存されていました。このK教授とはつい1か月前にお会いしていて、その際も資料をいただいていました。そこで5年前の論文のうちすでに単行本化したものなど、今では不要となったものを捨て、重要な論文のみ残し、それを新しい資料と一緒にして新たに上段にしまい直しました（これだってPDF化して、紙は破棄してもよかったかもしれません）。

また、4年前に九州の教授からご提供いただいた研究資料が紙で保存されていました。こちらは、教授からは電子情報もいただいていましたので、それがハードディスクに確かに保存されていることを確認して、紙のほうは破棄しました。

こんなことをしばらくしていると下段に10センチ程度のスペースが出来上がります。そのスペースに上段の一番奥の書類をしまう。そうすると上段に10センチ分のスペースができます。**10センチあれば向こう一週間は何とかなります。**

出張や転勤の準備も簡単にできる

「超」整理法方式は、出張の準備も簡単です。たとえば、これから飛行機に乗って沖縄で行われる医師会の講演会で講演するとなれば、「○月○日沖縄・医師会・講演会」と記されたファイルをカバンに詰めればいいだけです。

そのためには、**書類の保存の際、「1案件1ファイル」を徹底します。羽田—那覇間のeチケット（航空券）も、ホテル・バウチャーも、講演会の案内書も、講演資料も、羽田までの乗り継ぎ情報も、すべて紙に印刷して封筒に入れておけばいいのです。**直前にあわてる必要はありません。

転勤、移動・異動にも、この方式だと柔軟に対応できます。私は20年以上前のイギリス留学時代に「超」整理法方式を導入しています。

留学中に3回転居、その後、帰国し、さらに国内での転勤、同一病院内での研究室の移動等で、都合、9回移動しています。

引越の直前は室内は段ボールだらけになりますが、それでも机右袖のファイルは最後まで梱包しません。引越の直前まで引き出しから書類を出して、しまって、といった通常の執務を行います。

そして、**荷造りの最後に右袖のファイルを段ボールに詰めます。引越後、最初に荷解きするのは、引越前に最後に荷造りした段ボールです。**

これを机の右袖キャビネットに詰めてしまえば、もうすぐに仕事が再開できます。そして、仕事の合間や、休日の時間のあるときに、その他の段ボールをゆっくり荷解きすればいいのです。

書類探しがフィードバックの機会になる

「超」整理法が単なる整理法を超えた、仕事の技術として洗練されている理由は、それが自身の仕事のフィードバックの機会を与えている点にあります。

書類探しのたびに、自分がここ数週間に行った処理済みの仕事を振り返り、現在抱えている未処理業務を確認することができるのです。

書類探しをするときに、封筒の中身は見ないけれど、見出しは見ます。そうすると、偶然（**本人にとっては「偶然」ですが、書類配置の法則からすれば「当然」**）、書類探しをしているときに締め切りが近づいている依頼原稿を見つけることがあります。逆に、首尾よく終わった講演会の記録が目に入ることもあります。

前者については、あらためて原稿のアイデアを練ろうと、おのずとプレッシャーがかかります。後者については、講演の記録を自分の業績目録に記したらあとはファイルの中身を確認して破棄してもいいでしょう。

もちろん、探し物を急いでいるときは、目に入ったファイルのタイトルを見て物思いにふける時間はないかもしれません。

それでも、未処理案件のタイトルが少しでも目に入っていれば、頭の片隅に残りますから、締め切りを思い出させてくれるのです。

週に一回の破棄の習慣は、振り返りのいい機会になります。ファイルキャビネットを普段の探し物のときとは逆に奥から、つまり、**更新日時の古いもの（しばらく使っていなかったもの）から順に見ていきます。**

長く保存する必要のないもの、たとえば、すでに会議が終了して、その資料を私自身が保存する必要のないものが出てきます。

2週間前の面会者が持ってきた資料で、もう話し合いが終了しているものもあるかもしれません。

そういった書類を破棄していって、同時に、偶然見つけたファイルで、**締め切りは近いが失念していたものがあれば、それは、あえて、手前（更新日時の近いところ）に置き直します。**

達成感をもって終えることのできた仕事については、心から満足して関連書類を破棄することができます。

気の滅入る面談をようやく終えることができた場合、（本当は会いたくはなかった）関係者の氏名が記された予定表を、びりびりに破いて捨てるのは、なかなか気持ちがいいものです。

もちろん、この整理の過程で、紙媒体で保管する必要はないが、念のためＰＤＦで保管しておきたい書類があった場合は、その場で自分で、あるいは、後ほど秘書に頼んでＰＤＦ化すればいいのです。

第2章「書類の管理」のまとめ

〔書類の保管と破棄〕

- 書類探しで思考が中断される時間が惜しいので、必要な書類は30秒以内で取り出せるようにする。
- 角型2号封筒(A4が入るサイズ)に「1案件1ファイル」で書類を入れる。

①封筒の左端に日付と案件名を書き、机右袖のキャビネットの一番手前に、長辺を上にして入れる。
②書類が発生するたびに同様にしてキャビネットの一番手前に入れていく。
③書類が必要になったら、日付と案件名をチェックして取り出す。
④後から新しい書類を既存の封筒に追加した場合は、その封筒を一番手前に持ってくる。
⑤週に一回程度、不要になった書類を破棄する。

- 執務中以外の時間は、セキュリティのために、キャビネットには施錠する。

- 重要そうなメールは本文（と、あれば添付文書）を印刷し、キャビネットに保管する。
- メールへの返信が必要であれば、手帳に記入しておく。

〔分量の多い書類の管理〕
- 分量の多い書類はPDF化して、ハードディスク内に保存する。
- PDF化した書類を参照する際は印刷して使用し、終わったら破棄する。

第3章

時間の管理

——睡眠を時間管理の中心に置く

昼寝中心主義宣言
Nap-centrism

人は有史以来、さまざまな思想を唱えてきました。近代以降に限定しても、実存主義、マルクス主義、構造主義、功利主義、実証主義など、偉い哲学者たちが、いろいろな主義を唱えてきました。

○○中心主義という思想もあって、その場合、人間中心主義、ロゴス中心主義、国連中心主義、自国中心主義、ヨーロッパ中心主義、中国中心主義、聖書中心主義、生命中心主義、環境中心主義、自己中心主義、男根中心主義、お客様中心主義、頭皮中心主義など、中心主義にもいろいろで、実にさまざまな主義がさまざまな主題を中心に置いてきました。

これらに対抗して、私も新しい中心主義哲学を創始したいと思います。それは、「昼寝中心主義」Nap-centrismというものです。**「万国のビジネスパーソン諸君、昼寝せよ！」**、そう宣言したいと思います。

一日の中心に昼寝を置く。一日を昼寝中心に回す。昼寝の前にするべきこと、昼寝のあとにするべきことを明確にする。決して昼寝しない日を作らない。集中力のピークを一日に二度以上作るために、もっとも効率的な休憩をとる。それが昼寝である。毎日勤勉に昼寝する。昼寝は計画的に行う。こういったことです。

睡眠に大志を抱け！

そもそも、私は、こと睡眠に関しては誰にも劣らないアンビションを抱いています。札幌農学校教頭のウィリアム・クラークは、「青年よ、大志を抱け！」"Boys, be ambitious!"と言ったとされています。私も修業時代はアンビションを抱いて、病院に遅くまで残って、カルテを読み、資料を読み、論文を読み込んだものです。

しかし、よわい知命を過ぎたころから、私のアンビションは仕事よりも睡眠のほうに移っていったようで、「睡眠に大志を抱け！」"Be ambitious for sleep!"状態になりました。

「夜、7時間弱、睡眠をとる。それに加えて、15ないし30分程度の昼寝をする」

それが私の普段のパターンです。昼寝は絶対に欠かしません。どんなに忙しい日であっても、むしろ忙しいからこそ、病院で、あるいは移動中の電車で、寸暇を惜しんで眠っています。

効率の悪い休憩は逆効果

急いで言い訳しておきます。睡眠に大志を抱くようになったのは、仕事に対する志を捨ててしまったからではありません。仕事に対する志は、もはや「大志」と呼べるほど大きくはなくなってしまいましたが、しかし、小さいながらも捨てずに持っています。

そのささやかな志すら、睡眠を意識的・計画的にとらなければ実現できないと思うようになりました。

睡眠に大志を抱くのはひとえに務めを成し遂げるためです。睡眠を意識的にとるようになってからは、テレビを見て夜更かししたり、休憩のつもりで漫然とインターネット・ニュースを見たりする時間は減りました。

テレビやインターネットをぼんやり見ることは、少しも休憩になりません。**これらの視覚情報は、脳にとってかなりの負担になります。**コンピュータにとって、テキスト情報よりグラフィックス情報のほうが重たいのと同じです。

したがって、気分転換のつもりでテレビやインターネットを見ても、気分転換どころか、かえって疲労が蓄積します。目にジャンク情報の刺激を与えることは、脳のスタミナを無駄に浪費する最悪の休憩法です。

その暇があれば、いっそ、目をつぶってしまおうと思うようになりました。**脳にとって、目をつぶるだけでも負担軽減になります。それに加えて、少しでも眠れれば眠ってしまう。**眠いなら我慢しないで、むしろその勢いで眠ってしまえばいいのです。

移動中の電車で座っていて眠気が来たら、チャンスとばかりに眠ります。およそ仮眠ほど、効率のいい休憩法はありません。休憩の目的はそれ自体ではなく、その後にロケットスタートを切るためです。だから、単に時間を無駄にしているだけでは休憩になりません。

休憩の効率ということも、つねに意識しておかなければなりません。

スマートフォンの画面をぼんやり見たり、漫然とゲームをしても、休憩にならないのはいうまでもありません。そんなことより、仮眠したほうが効率的です。それは、考えてみれば当たり前です。休憩を仕事のパフォーマンスを上げるための準備ととらえれば、仮眠こそ最良の方法といえます。

こうして睡眠に対して貪欲になってきたころから、ジャンク情報に関心が移りにくくなりました。

思考力を維持するために昼寝する

大学病院の勤務医は忙しくて、寝る暇がないとお思いでしょう。実際、激務です。本書の各所で繰り返したように、大学病院の教授職であれば、マネージャーと医師という二役をこなさなければなりません。

マネージャーであるということは、一日は、書類、会議、メール、来客のエンドレスな繰り返しです。同時に、医師でもありますから、この管理雑務の洪水を、診療、教育（指導）の合間に処理しなければなりません。

眠い頭では仕事ができない

でも、忙しいにもかかわらず、昼寝だけはする。むしろ、こういってもいいでしょう。

忙しいからこそ、昼寝は絶対に欠かせない。

仕事量は膨大です。期日までに処理していかないと、未処理案件が次第に累積していきます。そのためには、日中仕事に集中すべき時間帯にあっては、精神の状態をかなり高いレベルに維持しなければなりません。

仕事は、高度の集中力を要するものばかりです。寝ぼけ眼でできるような仕事は少なく、また、私としても寝ぼけ眼でもできるようなレベルの低い仕事をしたくないという思いもあります。

外来の診療は、患者さんの一人ひとりがそれぞれ異なった問題を抱えている以上、一人の患者が終わったらその次、その患者が終わったらその次、とそのつど、気持ちを切り替えなければなりません。

メールや書類に関しては、重大な判断を下さなければならないものが多く、その大半は精神をかなり消耗させます。

来客を受ける場合も、こちらが訪問する場合も、そこで行われる会談は歓談ではなく、丁々発止の交渉事ばかりです。

精神鑑定や医療観察法審判などの場合は、分厚い事件記録を机上に置いて、次々にページを繰りながら付箋を貼っていく、この作業を超高速で行わねばなりません。

こういうエンドレスの神経戦の渦中にあっては、眠気は大敵です。頭のなかに少しでも曇りがあれば、思考も、判断も、決断も、とたんに緩慢になります。

人間とは不思議なもので、**疲れているときは、急ぐべき案件を多数抱えていても、急ぐ必要のない案件で時間を浪費しがちです。**

たとえば、到底、重要ではないはずの友人からの気楽なメールに、長い長い返信を書いて、無駄に数十分をかけてしまう。そうかと思えば、届けられた資料のページをめくっているうちに、細部が気になって、結果として、小一時間も費やしてしまいます。

しかし、そんなことに時間をかけている場合ではなく、ほかに、直ちに片づけなければならない案件があるはずです。

眠いと要領が悪くなる

なぜこういうことになるのか。**疲労でぼんやりしているときは、思考力が低下していますから、優先順位や正確性の判断を誤るのです。**

後回しにしていいことを先にしてしまい、完璧にする必要のない書類を執拗に何度も確認してしまったりします。思考力が低下すると、労力の傾斜配分ができなくなるのです。

仕事の要領が悪いとはどういうことか。それは、

①優先順位がわかっていない
②求められる正確性のレベルがわかっていない
③労力の傾斜配分ができない

この三点につきます。
こういう人間のことを指して、「あいつは仕事ができない」というのです。

でも、どんなに有能な人間でも、眠気があるとこういう状態に陥ります。眠気は、一時的であれ、人を「頭が悪い」状態に陥らせるのです。

私は、仕事中は、脳を極力、澄み渡った青空のような状態に置きたいと思っています。

それは何より、仕事を迅速に処理するためです。

少しでも曇りがあると、パフォーマンスがガタ落ちします。脳の曇り具合と仕事の効率とは、完全に反比例しています。

十分眠った翌日は、仕事がはかどる。寝不足の翌日は、仕事がはかどらない。その差は、歴然としています。

仕事をはかどらせるためには、脳のコンディショニングに気をつかわざるを得ません。

睡眠に大志を抱き、**あえて昼寝中心主義を主張する理由は、ひとえに、作業中の脳の覚醒度を最高レベルに上げるためです。**

何から手をつけたらいいかわからないときは、まず昼寝

具体的に私はどうしているのか。

メールもチェックしなければならないし、書類も読まなければならない。上司への報告案件もある。することが山ほどある。いったい何から手をつけたらいいかわからない。こんなときこそ、まず、昼寝です。

冗談だとお思いでしょう。しかし、何から手をつけていいかわからないときこそ、まず昼寝です。**そもそも、「何から手をつけたらいいかわからない」などといった状態は、疲労で脳が一時的に機能低下を起こしているにすぎません。**

本当はそれほど難しい問題ではなく、脳が十全に機能していれば、すぐ判断できます。しかし、**疲労は判断力の前に、決断力を低下させます。**仕事に勢いがなくなります。

だから、脳に15分から30分程度の中休みを与えて、目覚めてから判断すればいいのです。

早めに着手しなければならないが、気が重くて、なかなかその気になれない場合はどうすればいいか。そのときもやはり、まず昼寝です。

机の上に、その案件を載せておいて、必要な資料もそろえておく。こうやって一応のおぜん立ては用意しておく。そのうえで、15分でも、20分でもいいから、昼寝してみる。こうすると、昼寝直後のクリアな脳なら、この気の重い仕事も、実は順を追って考えていけば何とかなるものだったことに気づかされます。

昼寝をとる前のわずか20分前には、これができませんでした。**疲れている状態では、仕事の難易度を見誤るため、ハードルがとてつもなく高く見えてしまう。**その結果、なかなか着手の手掛かりを見いだせないのです。

手がつけられないのはのろまだからなのではなく、疲れて決断力、思考力が落ちているからです。脳に少し休養を与えれば、高くないハードルはすぐ超えられます。

昼寝は「脳のハーフタイム」

私の場合、昼寝は、例外なく毎日とっています。**一日の覚醒時間の中心に昼寝を置きます**。普段は6時半から7時にかけて起床、23時半から0時にかけて就床のことが多いので、起床から就床まで、17時間あります。その中間の15時半ごろに昼寝を置くというものです。

ただし、昼寝中心主義とはいえ、「中心」にこだわり過ぎることはないようにしています。厚生労働省や睡眠学会は、「午後3時前に30分以内」（厚生労働省『生活習慣病予防のための健康情報サイトe-ヘルスネット』）を推奨しているようですが、私の場合、学会などが推奨するものよりはすこしルーズです。

私の昼寝の開始時間は、12時のこともあれば、17時のこともあり、かなり移ろいます。

午前中に外来診療を行う場合は、診療が済んで、昼食を済ませてから昼寝にします。14時ごろになるでしょう。午後、外来診療がある日は、午前中の管理雑務を処理してから、昼食をとって、午後の外来の直前に20分程度眠って、診療に備えます。

火曜日は外勤日ですが、この日は午後、都内のクリニックで仕事があります。ここの午後外来の開始時刻は16時とかなり遅いので、外来の直前に20分弱、休憩時間をもらって仮眠するようにしています。

所用があって早めにクリニックに到着できず、開始時刻ぎりぎりに到着するような場合は、やむをえず移動中の地下鉄で眠ることになります。

大学病院で午後の外来があり、その後、面会者と会うような場合は、外来の前の12時に10分の、外来のあとの17時に15分の、というように一日二度昼寝することもあります。それぞれ午後の外来に備え、また面会者への対応に備えるためです。

しかし、**基本的な考え方としては、昼食と夕食の間の時間帯に15~20分程度の昼寝の時間を置きます。**前夜の睡眠が十分にとれなかった日は、昼寝は30~40分程度に延びます。私としては、昼寝をいわば「脳のハーフタイム」として位置づけようとしています。

睡眠は7時間がスタンダード

経済協力開発機構（ＯＥＣＤ）の統計（Gender Data Portal 2018）によると、１日のうち睡眠に費やす平均時間は、米国５２８分、英国５０８分、フランス５１３分、スペイン５１６分など５００分（８時間20分）を超える国が多かったのに対し、日本は４４２分（７時間22分）と最短水準でした。

このデータは広い年齢層をとっていますから、仕事をしている人や子育て世代はもっと短いでしょう。

40代男性７時間６分、同女性６時間43分というデータ（ＮＨＫ放送文化研究所、２００５）もあります。日本人は、世界一眠らない国民なのです。

各国の睡眠時間の平均

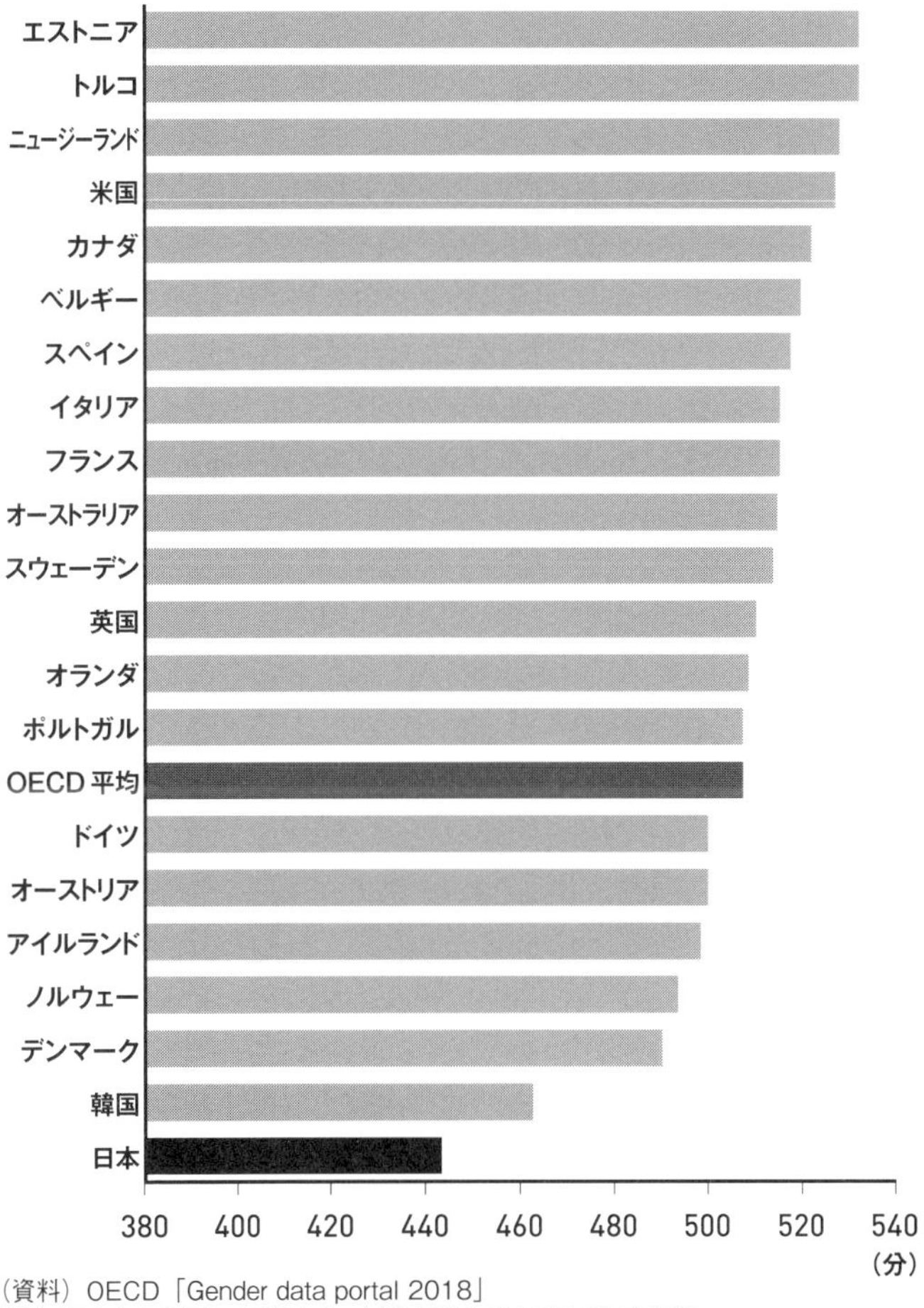

（資料）OECD「Gender data portal 2018」
（注）調査年は各国により異なる。対象年齢は多くの国で生産年齢

出典：ニッセイ研究所
https://www.nli-research.co.jp/report/detail/id=60923?site=nli

こころの健康との関係についても、明快なデータが出ています。兼板佳孝博士ら（Kaneita et al., 2006）は、3万人を対象とした大規模疫学調査によって、睡眠時間と抑うつの関係を調べています。

各年齢層とも7時間以上8時間未満の平均睡眠時間の人々がもっとも抑うつが低く、そこから長くなっても、短くなっても抑うつ度は高くなる傾向がありました。

睡眠だけが抑うつを決定するわけではないし、長ければいいというわけでもありません。しかし、ひかえめにいっても短時間睡眠は、こころの健康にとって、リスクがあるといえます。

いうまでもなく、睡眠を削って「憂鬱な人生」を送るか、それとも睡眠を十分とって「朗らかな人生」を送るか。それもまた、その人次第です。

昼寝を許容している国々に学べ

昼寝といえば、世界的に有名なのがスペインのシエスタですが、昼寝はスペイン人だけの特権ではありません。

Webb & Dinges（1989）は、世界で昼寝が許容されている国々をメルカトル図法の世界地図に並べています。

こうして見ると、スペインやイタリアのような地中海諸国はもちろんのこと、赤道に近い地域を中心に、世界中に昼寝を許容する国々が並んでいます。

特に世界人口の6割を占めるアジアでは、そのほとんどの国で昼寝はOKです。これらの国では昼下がりの紫外線は極めて強いですから、おそらくは直射日光を避けるという体調管理上の意味もあるのでしょう。

私自身も、20代にスペインを旅行したときに、昼下がりにすべての店が閉まってしまうのを見ました。確かに戸惑いましたが、マドリッド滞在の3日目ごろには、そのペースに慣れてしまい、昼下がりに昼寝をしてから夕方また、町を歩くようになりました。

マドリッドを発って、グラナダ、セビリアといったアンダルシアの町に移ったころは、もう昼下がりは眠くてしかたありませんでした。

午後、町全体を静寂が包んだあと、夕方近くなってから、街路に人が大挙して出てきて、ちょっと異様な喧騒が始まります。

そのリズムに体がなじんで、私も夕方になってから元気が出るスペイン人体質になっていました。

ヨーロッパでは、スペイン以外ではギリシャも昼寝に寛容な国です。ギリシャ神話のなかに、昼寝が中断されて怒りのあまり、人々をパニック発作に陥れた神様が出てきます。これが、「牧神パン」(Pan)。「パニック」(panic)という言葉は、この神の名に由来するとされています。

昼寝の世界地図
Webbs & Dinges (1989) 睡眠學（日本睡眠学会議編集、朝倉書店）をもとに作成（一部改変）

神話によれば、パンの昼寝を妨げると、人や家畜に突然の恐怖を与えると考えられていたとのこと。家畜の集団パニックが起こるたびに、人々はパンの昼寝が妨げられたせいだと解釈していたそうです。

ビジネスパーソンの皆さんのなかには、アジア諸国、とくに、**ベトナムや台湾に出張中に、会社も、商店も、学校も、一斉に昼寝に入って驚いた人も多いことでしょう**。台湾などはそもそも昼休みは室内照明を消してしまうようです。

「これらは、しょせんは南の発展途上国の文化にすぎない。日本のような北の（もっと文化レベルの高い？）国にはあてはまらない」と思っている人もいるかもしれません。

日本は確かに文化レベルの高い国ですが、緯度はけっして高くありません。もう一度、メルカトル図法の世界地図を見てください。

東京は、マドリッド、リスボン、ローマ、アテネのような南欧の主要都市はもちろんのこと、チュニジアのチュニスや、アルジェリアのアルジェのような、サハラ砂漠上の都市と比べても、さらに南に位置しています。

東京は、私ども日本人の多くが失念していますが、欧米の主要都市のどこと比べても赤道に近く、当然ながら夏の昼下がりの紫外線の強さも、欧米諸国をしのぐものがあります。

私どもは、低緯度地域の文化をこそ、モデルにすべきかもしれません。

ホモ・サピエンスのデフォルトは昼寝？

Webb & Dinges（１９８９）の昼寝世界地図を見ていると、昼寝の人類史と呼ぶべきものを考えたくなります。

ホモ・サピエンスの祖とされるホモ・ハビリスが東アフリカで誕生したのが、２００万年前。おそらくは、**アフリカに生まれたころのホモ・サピエンスは、そのほとんどが夜の眠りに加えて、昼の短い眠りをとっていたものと思われます。**ちょうどチンパンジーやゴリラなど、この大陸に住む私どもの親戚たちと同じように、です。

その後、どこかの時点でアフリカを出て、世界中に広がっていったのですが、それがいつなのかには諸説あります。現在有力なアフリカ単一起源説では、最終氷期中の7万年前ごろではないかとされています。

この7万年前のユーラシア大陸への移動に、人類学者のストリンガーとマッキーは「**出アフリカ**」(**African Exodos**)という気のきいた名称を与えました。

ちょうど、旧約聖書の『創世記』に次ぐ第二の書において、モーセがユダヤ人とともにエジプトから逃れる物語を『出エジプト記』(Exodos)と呼んだように、それに倣って「出アフリカ」と呼んだわけです(『出アフリカ記』ストリンガー&マッキー、2001年)。

ミトコンドリアDNAやY染色体のように、ゲノム組換えのない部分を用いた系統樹を作成すれば、集団の移動を推測することができます。ミトコンドリアDNAなら母系を、Y染色体なら父系をたどることができます。

一例をあげれば、ミトコンドリアDNAのハプロタイプ(半数体の遺伝子型)を日本人と東アジア周辺の集団と比べれば、私たちの祖先が日本列島にたどり着いた経路を推定することができるというわけです。

人類学者の崎谷満の推定によれば、出アフリカ後、人類には主として3つのルートがあったであろうといいます。

すなわち、イランからインド亜大陸、スンダランド（現在のマレー半島からインドシナ半島にかけての海域。当時は陸地だった）を経てオーストラリアへと至る南ルート、イランから中東を経てカフカス山脈へと至る西ルート、そして、イランを経て北上してアルタイ山脈付近へと至る北ルートです（『新日本人の起源』崎谷満、勉誠出版、２００９）。

このうち**北ルートをたどってその後東へと進路を変えた一群が、モンゴロイド、つまり私ども東アジア人の祖先ではないかと思われています。**

一方、西ルートをたどって、ユーラシア大陸の西を北へと向かった人々は、現在のコーカソイド（白人）に相当するとされています。

この人たちにせよ、中央アジアを北上した人々（現在のモンゴロイド）にせよ、夏冬の日照時間に極端な差があることに気づいたはずです。

特に冬の日の出が遅く、日没が早く、その結果、冬は昼間の時間が短すぎる。そうなると、ただでさえ短い昼間を昼寝して過ごせば、ほとんど活動できる時間はなくなります。そのあたりから、高緯度地域において、特に冬、昼寝をする習慣が消失していったと推測されます。

総じていえば、東アフリカの低緯度地域に誕生したホモ・サピエンスは、おそらくは、元来昼寝をする動物であったことでしょう。

それが、出アフリカ以降、高緯度地域に移住するにしたがい、日照時間の短い冬期をフル活動するために昼寝の習慣を捨てた。

つまり、**低緯度地域出身のホモ・サピエンスは一般には昼寝をするが、高緯度地域に移り住んだ一部が、例外的に冬季に昼寝をしなくなったのではないか。**それが私の推測です。

夜が長い高緯度地域では睡眠を二回に分けてとっていた

赤道直下には、四季がありません。雨季と乾季という違いはあるでしょうけれど、夏と冬、春と秋というものはない。それ以上に特徴的なのは、昼も夜も長さは年中いつも同じ、どちらも12時間だという点です。

これが徐々にアフリカ大陸の北に向かうとどうなるか。ホモ・サピエンスたちも、北に行ってエジプトあたりまでたどり着けば、四季というものが区別されて、それぞれのタイミングで訪れてくることに気づいたことでしょう。それとともに、夏と冬との昼夜の時間の長さが徐々にずれていく事実も知ったはずです。

季節による昼の長さの違いは、日本にいても実感することができます。秋の日はつるべ落としですし、春分の頃は日が長くなるのを感じます。北緯35度の東京の可照時間は夏至の頃は14・42時間、冬至の頃は9・58時間。その差は、5時間弱です。しかし、この差は、ヨーロッパ大陸では一層顕著になります。とくに極端なのがイギリスやスカンジナビアです。

私は北緯52度のケンブリッジに住んでいたことがあります。ここは、バイカル湖、樺太、カムチャツカ半島、アリューシャン列島のキスカ島などと同緯度ですが、可照時間は夏至点時で16時間44分、冬至点時で7時間45分です。実に9時間もの差があります。住んでいたころの実感としては、秋の日のつるべの落とし方が奈落に突き落とさんばかりの勢いで、逆に春の日の長くなり方もまた急峻な上昇カーブを描く感じです。冬は夜が気が滅入るほどに長く、夏は昼間が眠くなるほどに長い。この季節による可照時間の差異は、感情面にも影響を及ぼすものです。ヨーロッパ北部に冬季うつ病が多いのは、暮してみると十分に納得のできるものがあります。

さて、冬のこの長い夜をヨーロッパ人たちはどう過ごしていたのか。イギリスの緯度なら、人工照明がない時代の冬は、夜が16時間以上も続きます。朝8時過ぎに光が差し始め、

9時にようやく明るくなり、午後3時を過ぎれば暗くなりはじめ、4時には真っ暗という感じです。冬の昼間が短いから昼寝をする間もないことはともかくとして、逆に、途方もなく長い夜をどう過ごしていたのでしょうか。

16時間も真っ暗だからといって、その間ずっと眠っているわけにもいきません。富裕層ならば蠟燭をともしただろうけれど、それだって数時間しかもちません。

この問題について、歴史学者のロジャー・イーカーチ（Ekirch, 2001）は調査をもとに、夜の睡眠がそもそも二相性だったのではないかと推測しています。それによれば、**中世・近世のまだガス灯や電灯がない時代においては、人々の夜の睡眠は二回に分かれていた**というのです。

イーカーチの研究は、ブリテン諸島、つまりブリテン島とアイルランド島を中心とする地域、現在の国名にしてイギリスとアイルランドを対象にしています。

イギリスは、正式な国名は「グレートブリテン及び北アイルランド連合王国」で、イングランド、ウェールズ、スコットランド、北アイルランドの四つのカントリー（国）が連合して、一つのキングダム（王国）を作っているという形をとっています。

さて、このうちイングランド、ウェールズ、スコットランドを擁するブリテン島全体は、カムチャツカ半島とほぼ同じ緯度です。ブリテン島の北部にあるエジンバラならば、北緯56度。冬至点時の可照時間は7時間を切ります。これらの地域に関して、イーカーチの渉猟した文献は、文学作品、裁判記録、私記、当時のポスターや案内書のような短寿命の小文など、広範にわたっています。

イーカーチによれば、当時の人々は、この長い夜を、3、4時間の覚醒時間を挟んで、二回に分けて睡眠をとっていたというのです。そして、最初の睡眠から中断期を挟んでの二回目の睡眠の終了まで12時間ほどであったと推測しています。

実際、当時の文献では、「第一睡眠」(first sleep)、「第二睡眠」(second sleep)という言葉が、さしたる説明もなしに自明の言葉として無造作に使われていました。

たとえば、ジェフリー・チョーサーの『カンタベリー物語』です。チョーサーといえば、14世紀にラテン語を使わずに、世俗の言葉である中世英語を使って最初に物語を執筆した人ですが、彼は登場人物に「第一睡眠」(中世英語のスペルで“firste sleep”)のあとでもう一度ベッドに向かうという表現を使わせています。

また、あるイングランド人医師の書いたもののなかには、勉強と思索のための最良の時間は「第一睡眠」と「第二睡眠」との間だと記しています。また、16世紀の医師の論文のなかに労働者階級が子どもを多くもうけすぎるのは、第一睡眠のあとに子作りをしているからではないかという推測が記されていたというのです。

睡眠の中断期に何をしていたかについても、いろいろな記載があります。本を読んでいた人もいれば、祈りのための時間にしていた人もいたようです。宗教書のなかには中断期に祈りをささげる人々の記載がありました。

驚くべきことは隣人を訪問した人もいたとされている点です。時間としては真夜中のはずですが、その地域で睡眠の中断期が何時ごろなのかについての共通認識があったと考えないと理解できません。

これらの習慣は、いずれすたれることになります。近代に入って、ストリートにガス灯がともり、やがては室内に電灯がともるようになり、コーヒー店があちこちにできるようになりました。次第に夜の睡眠は中断期を挟まない、単相性のものになっていたというわけです。

日本人は長い夏の昼間をどう過ごしていたのか？

さて、日本は四季の明白な区別があり、かつ、可照時間の夏冬の差異もヨーロッパ諸国ほどではないが、結構大きい。となると、長い夏の昼をどう過ごしていたのでしょうか。やはり昼寝をしていたようです。その証拠は至るところに見つかります。

「昼寝」は夏の季語

たとえば俳句です。「昼寝」という言葉が俳句の季語であることをご存知でしょうか。夏の季語です。

インターネットで「昼寝　俳句」の語で検索すると、実に多くの俳句が上がってきます。代表的な俳人の句をいくつかご紹介します。

窓形に昼寝の台や簟　松尾芭蕉
今迄は罪もあたらぬ昼寝哉　小林一茶
山寺や昼寝の鼾時鳥　正岡子規
雷をさそふ昼寝の鼾哉　正岡子規
霊山や昼寐の鼾雲起る　正岡子規
馬方は鞍に昼寝や馬歩む　正岡子規

俳句は、季節の移ろいを詠むことが目的なのですが、**昼寝が夏の季語であるということは、もっぱら夏に昼寝していたということでしょう。**夏の長い昼には昼寝をし、冬の短い昼には昼寝をしなかったものと思われます。

昼寝は「八朔」まで

この点は、八朔という重要な節日とも関係しています。いくつかの地方では、昼寝はこの日までとされているのです。

八朔とは、旧暦8月1日のこと。八朔節供や田実の節供などともいいます。八月朔日と書いて「ほうづみ」ないし「ほづみ」と読ませる苗字もあるようですが、このことが示す通り、このころに実る早稲が、その年最初の稲穂であり、この初穂を摘んで、お世話になった人に贈る風習が古くからありました。

昼寝は八朔までと決まっているうえに、一回の昼寝時間にも目安があって、昼食後に線香一本が燃え尽きるまでとされていました。

当時は野良で木陰を見つけて昼寝をしていたものと思われます。線香を焚けば、その一本の時間を時計代わりにすることもでき、その上、煙で虫が寄りつかなくなりますから、一挙両得だったはずです。


八朔をもって夏が終わり、昼寝の習慣も終わりです。そして、これからは収穫の秋であり、夜なべの季節の始まりです。

付言すると、昼寝の終期については地域差があり、新潟や山陰では田植えから旧盆まで、大阪の南河内では半夏生（夏至から数えて11日目）から8月9日までとされていました。

日本の農村は現在も昼寝が普通

私は、岩手の病院に勤務していたことがあります。同僚の看護師たちは、皆、色白の南部美人ばかりでしたが、なかには農家出身で兼業看護師の人もいました。農繁期には、朝、畑仕事をしてから出勤してくるため、夏は日焼けしていました。秋の収穫が済めば、再び、本来の色調に戻っていました。

私が常勤医だったのは、世紀の変わり目の頃ですから、もう20年近くも前のことです。その後、東日本大震災があり、私は何人かの仲間たちとともに、医師会の支援事業の一環で現地に派遣されました。

その流れを引き継いで、現在も「被災地精神科医療支援」という名目で、月に一回は花巻の病院で外来診療を続けています。それで農家の方々と話す機会も多いのですが、農家の朝の早さには驚かされます。

あるご患者さんのご家族から伺ったのですが、以下は夏の日の日課です。

■ 3時過ぎには起床
■ 暗いうちから畑に出て、野菜の収穫
■ 6時ごろから、出荷
■ 7時過ぎに帰宅して、朝食
■ 8時から再び畑に出て、圃場管理（区画の確認、用水路の確認、障害物の除去、農道の補修など）
■ 12時前に帰宅して、昼食
■ 13時頃には昼寝
■ 14時ごろから再び、圃場管理
■ 18時頃の日没前に作業を終えて帰宅
■ 18時過ぎから入浴と食事
■ 19時ごろ書類・伝票の整理
■ 20時から21時にかけて就床

この生活の場合、13時頃には朝の覚醒からすでに10時間が経過しており、その間に二度にわたる重労働が挟まっていますから、疲労困憊しています。当然、昼寝が必要になるわけです。

睡眠時間は、夜の睡眠が6、7時間。それに加えて30分から1時間の昼寝をしていますから、トータルで7、8時間の睡眠ということになります。

都会のホワイトカラーと違って肉体を酷使する仕事ですから、その分だけ疲労が激しく、身体が長い睡眠を求めているはずです。

その方は「朝が早いから、午後は眠らないと、やっていられない」とおっしゃっていました。農家の場合、今でも昼寝は普通のようです。

ビジネス・エリートたちのパワー・ナップ

ホワイトカラーにとっても、昼寝の意義は見直されつつあります。それは、コーネル大学の社会心理学者でIBMなどでコンサルタントを務めたジェームズ・マースが「パワー・ナップ」と呼び始めたころからです。

実際、ビジネス・エリートたちのなかで、以前から昼寝をしていた人が多数いることが明らかとなりました。現在では「**仕事ができる人間ほど昼寝する**」といったイメージすら出来上がりつつあります。

その一人にロバート・ポーゼンがいます。ポーゼンは、弁護士。ハーバード・ビジネス・スクールで教鞭をとり、シンクタンクの研究員を務め、フィデリティ・インベストメントの副会長を務め、その後、MFSインベストメント・マネジメント会長を務めたという多彩なキャリアの持ち主です。

特筆すべきは、ジョージ・ブッシュ大統領時代に、彼の財政ブレーンの一人として「社会保障年金強化のための大統領委員会」(The President's Commission to Strengthen Social Security)に参画したことです。ポーゼンは、自身がリーダーシップをとって社会保障年金強化のための長期計画を打ち出し、注目を集めました。

そのポーゼンが毎日のように昼寝していることを公言しています。ポーゼンの方法は、彼の著書(『ハーバード式「超」効率仕事術』早川書房、2013年)でも紹介されています。方法はシンプルで、昼食の直後に、個室のドアを閉めて、携帯電話の電源を切り、靴を脱いで足を机の上にあげ、アイマスクをつける。そして、30分眠る。それだけです。

彼によれば、こうするだけで、**その結果、気分がすっきりし、午後中を通して集中力が高まるというのです。**逆に昼寝をとらないと、決まって夕方になって眠気を覚えるとのこと。彼自身は寝過ごすことはほとんどないようですが、その心配があればアラームを30分後に設定すればいいだけだろうと言います。

ポーゼンは、日本のホワイトカラーと比較すればかなりのロングスリーパーで、そもそも夜も8時間の睡眠をとるとのこと。夜の睡眠が不足した場合は、翌日長い昼寝をするか、次の夜に8時間以上寝るなどして、早めに埋め合わせるといいます。

組織的に昼寝を推奨する会社も出てきています。アメリカのグーグル、ナイキ、P&Gなどの有名企業は、仮眠スペースを設けたり、昼休みに消灯するなどして、仮眠を推奨しているようです。

日本では昼寝を積極的に取り入れる高校もあります。福岡県久留米市の明善高校では昼休み（12時55分から13時40分まで）のうち、13時15分からの15分間を「午睡タイム」と位置づけ、BGMでモーツァルトの曲を流して午睡を推奨しています。その効果はてきめんで、東大合格者が二倍にふえたといわれています（私は未確認ですが）。

昼寝が世界の常識だとまではいえないでしょう。しかし、昼寝をすることで、一日の後半を充実して過ごそうとすることは、精神科医の私からみても実に合理的です。逆に、「眠気に耐えて頑張っている」自己陶酔に浸ることは賢明とはいえません。

眠気には周期性がある

生理学的な法則性には、抵抗しても無駄です。むしろ、それに合わせて日課を考えたほうがいいのです。

私どもは、皆、地球という星に住んでいます。この星では、ヒトを含むすべての生物がこの星の自転周期に合わせた行動をしようとする傾向があります。

それは遺伝子のなかにプレインストールされている強力なプログラムであり、逆らおうとしても無駄です。

ヒトは17時間オン、7時間オフ

ヒトの場合、昨日と同じ時刻に目が覚め、昨日と同じ時刻に朝食をとりたくなり、昨日と同じ時刻に活動したくなり、昨日と同じ時刻に昼食をとりたくなり、昨日と同じ時刻に昼寝したくなり、昨日と同じ時刻に頭が働き、昨日と同じ時刻に夕食をとりたくなって、昨日と同じ時刻に強い眠気が来て眠るのです。

ヒトは、17時間オン、7時間オフの覚醒タイマーを体内に持っています。朝目覚めたとき、そこで17時間のタイマーが設定されるようなものです。したがって、毎朝、6時に起きる人は、毎晩23時になるとタイマーが自然と切れて、眠ってしまいます。そして、眠り始めると自然と7時間後に目覚めるのです。

この、7／17のタイマーと並んで、**17時間の覚醒時間の中央付近に昼寝のタイマーも設定されています。**

だから、昼下がりに決まって眠くなるのです。この昼寝のタイマーは、7時間も続きません。30分以内に自然と終わります。

昼下がりの眠気は昼食をとるせいだといわれることもあります。しかし、どうやら昼食の影響だけでは説明できない、やはり「昼寝タイマー」と呼ぶべきものがありそうです。実際、私の場合、午前午後の丸一日外来がある日は、昼食をとると眠くなるので、腹をすかせたまま午後の外来に突入する場合もあります。

でもたとえ昼食を抜いたとしても、それでも昼下がりには眠くなります。午後の眠気は、昼食がもたらしているわけではなく、むしろ、昼寝のタイマーがもたらしているように思えます。

それで、丸一日外来の日は、患者さんの混み具合を見て、もし、**1時間の昼休みがとれそうなら昼食&昼寝を、30分未満しかとれそうもない日は、昼食を抜いて昼寝だけをするようにしています。**

昼食をとっていなくても、すぐ眠くなって心地よい昼寝の時間を持つことができてしまいます。

覚醒中の集中力にも周期性がある

眠気に周期性があるのと同様に、覚醒中の思考力・集中力にも周期性があります。私の場合、朝の覚醒後から朝食まで、また、朝8時のカンファランスから正午ごろまではもっとも頭のさえた時間帯です。

午後は昼寝をとらなければ集中力は最悪。昼寝をとった場合も17時前後に疲れた時間が訪れます。

私の場合、仕事が終わった17時頃から、管理雑務や執筆を行って、20時頃終了して帰宅するようにしていますが、この時間の集中力のエンジンのかかりは悪く、19時ごろからやっと調子が出て、執筆の勢いにまかせて22時ごろまで書いていていて帰宅が遅れることもあります。

このあたりは私の現在の生活習慣の修正ポイントだと思います。17時ごろに第二の昼寝を10～15分程度とるなどのことも試みていて、こちらは一定の効果があります。

でも、17時ごろは「診察が終わった時間だから電話をかけていいだろう」と思われているため、外線電話が入りがちで、その対応に追われて眠っていられないこともあります。

夜は講演会に呼ばれることがありますが、その場合は、車中で必ず眠るようにしています。特に車の中は、書類を読んでも疲れるだけなので、アイマスクをして、運転手に断りを入れてオーディオの音量も下げてもらって、仮眠させてもらっています。

時間管理の基本は体調管理

時間管理の基本は体調管理であり、眠気レベルに周期性があって、覚醒中の集中力にも周期性がある。このことを理解することはとても大切です。

従来の時間管理の技術のなかに、サーカディアン・リズム（24時間のリズム）を意識したものはありませんでした。

しかし、ビジネス・エリートといえどもホモ・サピエンスであり、その身体のコンディションはサーカディアン・リズムの影響を受けます。24時間戦うことが不可能であるだけでなく、覚醒中の17時間の間にすら、思考力にアップダウンがあります。これは自然の法則であり、根性や気合で乗り切れるものでもありません。

この点を考慮すれば、すべきことは二つあります。

夜の睡眠（と昼寝）を合計7時間は確保すること。したがって、残りの時間は17時間しかないことを前提に、一日を組むこと。

目覚めている17時間のなかにも、思考力のアップダウンがあることを考慮する。まずは自分のアップダウンのリズムを受け入れて、**思考力が最高潮の時間に難度の高い知的作業を、思考力の低下した時間帯に難度の低い知的単純作業を入れる。**

午後に集中力を要する仕事が入る場合は、意識的にその前の昼休みに昼寝を入れて、テンションをいったん下げる時間を作る。跳躍の前に腰をかがめるイメージで。

逆に、睡眠を削ることはお勧めしません。睡眠を削って得られるのは、「俺は不眠不休で頑張っている」という自己満足だけです。睡眠を削って生み出された時間は、思考力が最高潮の時間ではなく、逆に思考力が最低のぼんやりした時間だけです。

仕事量の周期性、覚醒度の周期性

自分の生物学的法則性を味方につけることは、時間管理上、重要です。これを敵に回して、克己心の強さで乗り切ろうとするべきではありません。

仕事をしたくてしかたないときに存分に仕事をする。このときは少々無理をしても大丈夫であり、**乗ってきたときの勢いを大切にして、できるところまで仕事を続けるべきです。**

しかし、仕事をする意欲のない時間帯も必ずやってきます。そこで無理をしても、かえってはかどりません。**倦怠感が訪れれば、その倦怠感に従って昼寝を入れる。**あえて脳を休ませて、**来るべき次の波を待てばいいのです。**

先に第1章で、**仕事量の周期性を把握していれば、「仕事を、自信をもって先延ばしにできる」**ことを説明いたしました。同じことは目覚めている17時間中の覚醒度に関してもいえます。

覚醒時の思考力・集中力にも周期性があります。こちらの周期性は、純然たる生物学的な周期性です。不思議と仕事がはかどるとすれば、それはその時間帯が覚醒度の高い波に一致していたからです。

逆に、どうしても意欲が湧かなくて、茫然と2時間を過ごしてしまったとすれば、それはその時間帯が思考力・集中力ともに落ちるタイミングにあたっていたのです。

覚醒度は、17時間の間にアップダウンがあります。それは防ぎようがありません。17時間を通じて絶好調ということはありえません。

仕事量には、7日間のなかで波がある。一方、覚醒度にも17時間の間に波がある。とすれば、**仕事の周期性と覚醒度の周期性の双方を考慮に入れて、7日間の仕事のペースを考えることが必要でしょう。**

私の場合でいえば、仕事は午前中が一番はかどります。私は精神科医としての診療は30年以上行っていますが、管理職の仕事は最近始めたばかりです。したがって、管理業務のほうが診察よりはるかに神経を使います。もっともスタミナを奪う管理雑務は、外来診療業務のない月曜・水曜・金曜の午前中に集中して行うようにしています。

しかし、この時間内に終わらなくて、しかも、その日のうちに行わなければならない場合はどうすればいいか。その場合は、診療業務や会議が終わった午後から夕方にかけての時間帯を使っています。

決して「元気はつらつ」な時間帯ではありませんから、倦怠感と戦いながら、泳ぐような意識のなかで雑務を処理することになります。当然、効率は下がります。

一方、月水金も9時から10時は打ち合わせ、電話対応などが飛び込みやすい時間帯であり、12時を過ぎれば外来から初診患者のチェックの仕事が入る場合もあります。そうなると、「月水金の10時から12時の2時間に勝負をかけなければいけない」ことになります。

仕事の周期性と集中力の周期性とを考慮に入れて、**先に伸ばせる仕事は、思い切って先延ばしにすることもできます。**締め切りの厳しい仕事でなければ、無理して午後の苦しい時間帯に処理せずに、「無理に今日しなくていい。明後日の午前中の時間を使おう」と判断することもあります。

「すぐやる」系の自己啓発根性論は、しばしば、思考力・集中力の低下を気合で克服することを推奨しているように思えてなりません。「**すぐやる」ことが現実に難しいからこそ、すぐできなければいつやるか、何を先延ばしにするか、先延ばしにしたものをいつやるか、**

といった技術論が必要とされるのです。

第二の波の前にあえてテンションを下げる

時間管理も同様です。ビジネス書には、短時間睡眠の武勇伝はいくらでも書かれているのに、私のような寝坊助向きのための方法は記されていません。

私を含む読者の圧倒的多数は、寝不足には耐えられない体質のはずです。眠くてしかたのない多数派を無視して、ショートスリーパーたちの寝不足自慢を聞かされたのではたまりません。「朝4時に起きて、深夜1時まで休みなしに仕事した」というような、(ありもしない)ナポレオン伝説を聞かされて、「俺も真似してみよう」と思う読者がいるのでしょうか。

私としては、寝不足自慢の代わりに、昼寝自慢をしたいと思っています。毎晩、7時間近く眠って、おまけに昼寝までして、それでも残りの16、17時間を有効に生かせばいいのだと主張したいのです。

特に、私が本書で強く昼寝の意義を主張しているのは、一日の覚醒時間に二回にわたってテンションの高い時間帯を作ること、特に、後半にもう一度テンションの高い時間帯を作るためです。

午後、必ず訪れるだるい時間帯を眠気と戦いながら2、3時間も過ごすぐらいなら、いっそのこと20分程度眠って一度、テンションをあえて落として、脳を回復させて、残りの2時間40分を活発に過ごすほうがいいはずです。

サッカーなら、前半45分間走って、10分のハーフタイムをとって、その後の後半戦に備えるでしょう。それと同じです。もちろん、眠気を我慢しながら空しく時間を過ごしても、その後ある程度、活力が回復して、一日の後半にもう一度高い波が来ます。

ただ、その間の長い空白が惜しい。空白は多ければ3時間も続くことがあり、こんな長時間を無駄にするぐらいなら、20〜30分の昼寝など、時間の無駄には入りません。

むしろ、だるい時間を最小限に抑えるためにこそ、昼寝をして集中的に脳を休ませる。そして、その後に訪れるはずの第二の波をうまく捕らえて、ビッグウェーブにする。そのためにこそ、あえてテンションの低い時間帯を作るのです。

最高の状態「フロー」を作り出す

ここまで、サッカーにたとえて「前半・ハーフタイム・後半」とか、少々通俗的な「波」という表現や、「ビッグウェーブ」のような山下達郎の曲のタイトルのような語を用いましたが、**要は注意力・集中力とも最高度に高まった、知性をマックスに発揮できる状態という意味です。**

この状態を意味する心理学用語に「**フロー**」というものがあります。アメリカの心理学者のミハイ・チクセントミハイ（２００３年）の概念です。チクセントミハイによれば「フロー」を可能にするにはいくつかの条件があるといいます。

フローを可能にする四つの条件

第一に、自分の能力にとって適度な難易度であるということ。難しすぎてはいけませんが、簡単すぎるのはもっといけません。自分の能力を高いレベルで発揮しなければ乗り越えられない程度の難易度です。

精神科医の私の外来診療に関していえば、基礎的な診療技術だけで漫然と診療していても、フロー体験を得ることはできません。ある程度難しい患者さんを診ること、あるいは、同じ患者さんでも少しばかり深みのある診察を行うことです。

「診察の深み」というのは説明しづらい概念ですが、要は、表面的なやり取りを超えた、本人のスピリチュアリティに触れるような言葉のやり取りを行うということです。

第二に、取り組んでいる仕事に対して、自分が今、コントロールできているという実感があることです。

私の外来診療にたとえていえば、患者さんが繰り出す想定外の発言に対しても、ある程度柔軟に対応して、一回ごとの診察に実りある結論をもたらすことができるということです。

この場合、コントロール感があるといえます。しかし、できない場合もあります。患者さんの突然の取り乱しに対して、瞬時にそつのない対応を行うことができず、かえって患者さんの動揺を誘って、面接の収拾がつかなくなる場合です。年々、こういうことは減ってきましたが、新人時代は毎日ありました。

第三に、取り組んでいる仕事に対して、「それはよいか、よくないか」のフィードバックがあるということです。

私の診療業務に関していえば、それは患者さんの状態が改善しているかどうかで判断すればいいのですから、毎回の診察はフィードバックに満ちているといえます。

一方で、管理雑務の場合、「この書類を自分が読んでチェックすることに、どんな意味があるのかな」と思うこともあります。

その場合、書類を読んでチェックしてメールで送信する際などに、一言電話を入れて「あの書類、今日が締め切りでしたね。今送りましたのでご確認ください」などと伝えれば、送り先の人の声が電話で聞けます。

「あの件、実はちょっと紛糾していたんだ。いずれ会議で君の意見を聞かせてもらうから」

などといった返答をいただけて、少し仕事をした実感が得られるかもしれません。

第四は、集中力を妨げるノイズがシャットアウトされていることです。私の場合、個室が与えられていますので、ノイズをシャットアウトすることができるうえ、自分の好きな音楽をBGMとして流すこともできています。これはかなり恵まれた立場と言えます。

一般企業の場合、部長クラスでも一般社員と同じ部屋で仕事をする場合もあるでしょう。人の声も、電話のやりとりも、訪問客との対応もすべて聞こえてしまいます。こういう環境だと、どうやって目前の仕事に集中するかが難しいといえます。

思考に動作が伴うと集中力が上がる

フローに相当する超集中の時間帯を作るにはどうすればいいか。それには、**知的作業に身体運動を加えることだと思います。身体のせかせかしたリズムが、活発な思考を下支えするのです。**

チクセントミハイ自身がこの点をどの程度意識していたかはわかりません。しかし、彼は、フローを説明する際に、外科医、ロッククライマー、舞踏家などの実例を挙げていました。このいずれもが、知的活動に身体運動がともなっているのが特徴です。

彼らは、創造的な活動の際に、それを身体運動とともに行っているという点に際立った特徴があります。逆にいえば、**ロダンの「考える人」のように微動だにせず、沈思黙考しているような状態は、かえってフローの状態を作りにくいといえます。**

集中している際には、精神の集中を身体のリズムが支えています。仕事のできる人間と、できない人間とには、集中力に歴然とした違いがあります。意外なことに、前者は、後者よりは**落ち着きのないタイプの人間が多い**。この人たちは、たとえていえば、身体のなかに16ビートの激しいリズムを秘めているようなものです。ドラムス、ベース、パーカッションが激しいリズムを刻みつつ、それに合わせて、ギターやピアノが主旋律をノリノリで演奏している感じです。

「超集中」のさなかに激しくキーボードをたたいていたり、素早くペンを走らせていたり、せわしなく資料のページをめくったり、鉛筆でチェックしたり、付箋を貼ったりしています。いっときも手を休めることがありません。場合によっては、貧乏ゆすりすらしているかもしれません。せかせかとしたリズムが、仕事の速度を創り出しているのです。だから、できる人間は、ゲーム少年がゲームをするように、仕事に熱中しています。ゲーム好きの少年は、ゲームのさなかはほかのことが頭に入らないほど熱中しています。激しい指のリズムが、高度の集中力を支えています。同じく、できる仕事人は、あの熱中ぶりを仕事でも発揮しています。激しい身体のリズムが、ノリノリで知性の活動を後押ししています。ゲームおたくのように、仕事オタクとして仕事に集中しているのです。

私見では、チクセントミハイの「フロー」に相当する意識状態には、一種の「酔い」のような感覚が伴うように思います。ゲームの場合、俗に「ゲーム中毒」などというように、ゲームに集中している意識のなかに、中毒症状にも似た「酔い」があります。

フローをもたらすためには、この「酔い」を、ゲーム以外の建設的な活動に振り向ければいいのです。

実際、ギター少年が夢中で弾いているときに、その弾いている意識のなかにはフローがあります。美術少年ががむしゃらに絵を描いているときに、その描いている意識のなかにも、フローがあります。同じように数学少年が一所懸命数式を展開しているときに、やはり、その意識のなかにはフローが伴います。

ギター少年も美術少年も数学少年も、努力している意識はありません。その最中は疲れも感じません。むしろ、没頭して、楽しくて、時間がたつのを忘れています。でも、こういった我を忘れる経験のなかに、最高に豊かな知的活動が行われています。熱中し、没頭し、時がたつのも忘れているときにこそ、その人の知性が最大限に発揮されているのです。

ホリエモンこと堀江貴文さんは、中学生のときはコンピュータ少年でした。勉強もそっちのけでプログラミングに熱中していました。そのせいで成績は下がってしまいましたが、あるとき、一念発起して東大を目指すことにしました。

その際、堀江さんは、プログラミングに夢中だった時代のことを思い出しました。彼はあの経験を通して、知的生産のためには、「その作業に『ハマる』こと。何もかも忘れるくらい没頭すること」が大切だと知っていました。

今度は、没頭する対象をプログラミングから受験勉強に切り替えました。結果は大成功。見事に東大に合格しました。

彼は、「何ごとも得意だとか苦手だとかいう先入観で物事を判断せず、目の前の作業にハマってしまえばいいのである」と語っています（『ゼロ』堀江貴文、ダイヤモンド社、2013年）。

彼が「ハマる」と表現している意識状態が、チクセントミハイの「フロー体験」に相当します。ここまであげた例のいずれもが、身体のせわしないリズムが基底にあることにお気づきでしょう。

考えるだけではだめです。手足を動かすこと。身体のリズムが精神のリズムを作ります。ゲーム少年は、忙しく指を動かしています。ギター少年は指を、美術少年は筆を、数学少年は式を展開する指を、それぞれ忙しく動かしています。

没頭するには、リズムが必要です。体の8ビート、16ビートのリズムこそが、「ハマる」意識を作ります。ハマってしまえば、あとは勝手に仕事は進んでいきます。努力する必要すらいらないのです。

よき睡眠のためには適度の肉体疲労が必要

知的作業をせかせかした身体のリズムが支えるというところで、読者の皆様のなかには多動性障害という病名を思い起こした人もいることでしょう。

堀江貴文氏自身が『多動力』という本を出したように、**多動はビョーキの症状として治療の対象とするべきではなく、むしろ、創造への駆動力として活用すべきことです**（『子どもの発達障害に薬はいらない』井原裕、青春出版社、2018年）。

そもそも霊長類は多動なものです。上野動物園のサルのなかで多動でないサルはいません。ホモ・サピエンスも、デフォルトは多動な動物であり、それを社会的ルールによって統制しているにすぎません。多動が知性の活動を下支えするように、**多動は心身の健康を作りだす原動力でもあります。**精神医学の世界では、運動不足がこころの健康を損なうこと、適度の運動がこころの健康に良き影響を及ぼすことはよく知られています。

直立二足歩行こそ人類最古の健康法

その一方で、現代人はホモ・サピエンスの歴史上未曽有の運動不足に陥っています(Eaton & Eaton, An-evolutionary-perspective-on-human-physical-activity. Lifestyle. Comparative Biochemistry and Physiology Part A 136: 153-259. 2003)。英語ではsedentary behavior, sedentary lifestyle などといいますが、それぞれ座りっぱなしの行動、座りっぱなしのライフスタイルという意味です。

私どもの祖先は、おそらく200ないし300万年前に後足だけで立ち上がることを始めました。以来、長い進化の過程を通して、直立二足歩行によって健康を維持するような身体、逆に言えば、直立二足歩行せずしては健康を維持できないような身体を作ってきました。

直立二足歩行こそが、人類最古の、かつ最良の健康法であり、それを怠って、座りっぱなしの生活を送っていれば、必ずや心身の不調がもたらされます。

知的作業を多動が下支えしてくれるとはいえ、コンピュータのキーをたたく、書類に文字を書き込む、次々に書類をファイルにしまっていく、こういった活動をせかせかと行っても、仕事ははかどりますが、これだけでは健康法にはなりません。

昼間の集中力が下がりがちなのは、夜の眠りが浅いからかもしれません。その場合、なぜ眠りが浅いのかといえば、その理由は眠りを深くするために必要な肉体疲労が少ないからです。

昼間の集中力を上げるためには、夜間に深く眠らなければならない。夜間に深く眠るためには、昼間に一定の疲労を得ておくことが必要です。

一日7000歩は歩く

本書の読者のようなビジネスパーソンにとって、健康上の最大の脅威は運動不足です。ここで運動のことを取り上げれば、別に本一冊が必要になりますので、最小限にとどめます。多忙な日々にあっても、努めて歩数を稼ぐようにしましょう。**一日7000歩を目安にするといいでしょう。**

会社との往復、昼休みの空き時間、会社内での移動などの際に一駅歩く、少し遠いところで昼食をとる、エレベータでなく階段を使うなどするといいでしょう。

肉体疲労を得ること以上に睡眠をよくする方法はありません。今日までに開発されている睡眠薬のなかで、**肉体疲労がもたらすほどに質のいい睡眠をもたらす薬は開発されていません。** 睡眠薬のほとんどは、質の悪い人工的な睡眠をもたらしているだけであり、疲労回復効果はかえって低下させています。

この章では時間管理の方法として昼寝の効用を述べてきたのですが、昼寝以上に夜の眠りが重要であることはいうまでもありません。

その質を良くしようとすれば、方法は一つしかない。疲労です。適度な肉体疲労こそ深い睡眠をもたらします。精神の疲労だけでは眠りは深くなりません。身体の疲労が必要です。そのためにも、人類最古の健康法「直立二足歩行」を忙しい日常のなかに組み込んでいただきたいと思います。

第3章「時間の管理」のまとめ

- 夜7時間睡眠をとり、15～20分程度の昼寝をすると、思考力や集中力を維持することができる。
- テレビやインターネットを見ることは休息にならず、かえって脳の負担になる。
- 決断力や判断力が低下してきたと感じたら、まず昼寝をするべき。
- 昼寝の時間は一日の覚醒時間の中心に置くとよい。
- ホモ・サピエンスはもともと昼寝をしていたと推測される。日本人も昔は夏の間、昼寝をする習慣があった。現在も農村ではそれが残っている。
- 眠気と覚醒度には周期がある。仕事量の周期とうまく組み合わせて、自分にとって最適な仕事のしかたを考えよう。
- 注意力と集中力の最高に高まる「フロー」の状態に入るためには身体の動きが必要。
- 夜によい睡眠をとるためには、歩数を多くするなど運動をして身体を疲労させる。

コラム　栄養ドリンク剤は元・航空戦略補強液

バブル期にヒットしたドリンク剤のキャッチ・コピーに「24時間働けますか」といったニュアンスのフレーズがありました。アタッシュケースを抱え、世界をまたにかけて飛び回る、疲れ知らずの日本人をイメージしたのでしょう。

このCMは、今となっては、ディスコで扇子を振り回して踊るボディコン女性と並んで、バブル期を象徴するカリカチュアとなっています。

バブル期は遠い昔です。高度経済成長だって、はるか昔。どちらにしても、これらは全盛期の話です。

それにもかかわらず、いまだにこの国には、「身体疲弊時の滋養強壮」と銘打つドリンク剤が多数、出回っています。

駅の売店で疲れた表情のビジネスパーソンたちが、ドリンク剤を買って、その場で飲んでいる様子は、日本の都市の見慣れた風景です。

ドリンク剤は日本では大きな需要がありますが、これは日本独特の事情です。諸外国にはこれに該当するものがほとんどありません。

栄養ドリンク剤は、太平洋戦争中の「航空戦略補強液」、つまり、疲労困憊の航空兵に対して、覚せい剤にビタミン、ミネラル、アミノ酸を混ぜたものを飲ませて出撃させたことに起源があります。

今日のドリンク剤は、「航空戦略補強液」から覚せい剤を抜いて、成分を各社ごとにアレンジしたものです。

疲れ知らずで働く人は、ビジネスパーソンたちにとってはあこがれの存在のようです。ビジネス雑誌には、財界で成功した人たちによる寝不足自慢が満載されています。

「ナポレオンは3時間しか眠らなかった」とされる神話も、ビジネスパーソンを感動させているようです。そして、「英雄ナポレオンは3時間しか眠らなかった。俺だってビジネスの英雄だ。だから、3時間しか眠らないで働くぞ！」と言って、気合を入れて奮闘努力しているようです。

ご苦労なことです。3時間しか眠らないで働くのも個人の自由、24時間働くのも個人の自由、深夜のディスコで扇子を振り回すのも個人の自由であり、覚せい剤を抜いた航空戦略補強液を飲むのも個人の自由です。

しかし、医師の私としては、賢明なる読者の皆様にこういったことはお勧めいたしません。どうか、このような危険な発想に陥らないようにしてください。

そもそも、**ナポレオンの3時間睡眠は神話にすぎません。実際にはもっと眠っていました。**ナポレオンの側近の回顧録によれば、夜眠るだけではなく、会議や馬上でも居眠りをしていたそうです。

あとがき

忙しい本業の合間にあえて本書を書いたのは、自分のためでもあり、お世話になった方々のためでもあります。自分に課せられた務めを果たしたい。恩師たち、先輩たちの恩に報いたい。そう思って、自分の日々の仕事を振り返ってみることにしました。

精神科医としてのキャリアは、30年を超してしまいました。私は診療所でもなければ、一般総合病院でもなく、大学附属病院に勤めています。大学病院は教職員数も多く、規模からいって中小企業を超えています。診療部門であれ、事務部門であれ、細分化し、機能分担が明確です。それぞれの部門長は自部門を束ねるとともに、他部門との橋渡しをします。

こういうところに部門長として勤めていると、一精神科医としての役割に加え、マネージャーとしての役割も大きくなってきます。その点こそ、私の仕事の経験が、ビジネスパーソンの方にもお役に立てるのではないかと考えた理由です。

中堅・ベテラン世代の誰もが感じることだと思いますが、年々業務負担は重くなっていきます。

「部長になって現場から離れると、少しはヒマになるかと思っていたが、とんでもない思い違いだった。毎日が目の廻るような忙しさだ。現場には現場の仕事があり、その上にはその上の仕事がある。働く座標が変わっただけで仕事と言う代物には尽きることがない。」（『部長 島耕作』弘兼憲史、講談社）

これは、部長になった島耕作の独り言ですが、ビジネスパーソンの皆さんなら、立場が変わったときに同じ実感を持ったはずです。

係長には係長の仕事が、課長には課長の仕事があり、管理職には管理職の仕事がある。働く座標が変わる前はそのことが理解できない。働く座標が変わってみて初めて、そこに別種の仕事があることがわかる。

それは、以前、先輩から聞いて知っているつもりだったけれど、実際体験してみると大違いである。こんなにも種々雑多な仕事がある。それらは相互に関連はなく、それにもかかかわらず、そのどれ一つをおろそかにしても仕事が滞り、部署全体が麻痺する。自分の仕事の成否を厳しく見ている部下たちがおり、同じく、気をもみながら待っている上司たちがいる。

こういう実感を持っている人はたくさんいると思います。

私の場合、管理職であるとはいえ、現場から離れたわけではありません。マネージャーであっても選手兼任のプレイング・マネージャーですから、忙しさも二倍です。時間は細切れになりがち。事務連絡は多い。上司との間も、他部署との間も、部下たちとの間ですら、「言った」「言わない」問題は発生します。

いきおい、書面やメールでの確認は多くなるが、フェイス・トゥ・フェイスのやり取りも欠かせません。期限通り仕上げてこないこと、定期的に報告しないこと、的確なタイミングで指示を出さないこと、それらのすべてが、同僚・上司をいらだたせます。

「仕事ができない」とは「人の恨みを買う」ことでもあり、報告・連絡・相談は、挨拶代わりであって、それがなければ「失礼なやつ」と見なされます。

逆に言えば、組織に生きるときには、「ご挨拶」と称する形だけの訪問をする必要もなければ、定期的にお土産を持っていく必要もありません。必要なことを報告し、予定を正確に連絡し、相談すべきことを相談しさえすれば、それらのよき情報がそのまま「お土産」になります。

「よき仕事人でありたい」「よき組織人でありたい」「よき精神科医でありたい」。それが私の願うところです。多くの人に支えられ、多くの人に育てられ、多くの人のおかげで充実した人生を送らせていただいてきました。

気がつけば責任の重い仕事を担わされることになりました。それは名誉なことですが、自分には重すぎると感じることもあります。自分の能力でまかなえるのかと心配になることもしばしばです。

若いころの私は、ひどい不義理もしてきました。いろいろな病院、いろいろな学派、いろいろな先輩の下で武者修行したいと思って、日本の医師としては異例の、「タテ社会をヨコに歩く」人生を歩きました。それは精神科医としての力量を飛躍的に高めてくれましたが、恩師たちを裏切ることにもなりました。今、自分があるのは、多くの人のおかげですが、同時に、忘恩の徒としての深刻な負い目に苦しんでいることも確かです。

「ひとりの人間に何ができるか？」（『ムッシュー・テスト』ポール・ヴァレリー、岩波書店、2004年）。私もテスト氏のように、そう問うべきステージに達しました。人生の半ばは、空しく過ぎてしまいました。まだ、何かができるとしてもその時間は限られてきました。

お世話になった多くの方々のために、少しでもいい仕事をしたい。そのために日々の事務処理を工夫してきました。その一端を本書でご紹介し、それが読者の皆様に少しでもお役に立てれば、それにまさる喜びはありません。

なお、本書刊行に際し、ディスカヴァー・トゥエンティワン社の藤田浩芳氏のお力添えをいただきました。本書は、『うつの常識、じつは非常識』に引き続き、藤田氏との共同作業の成果です。企画段階から、執筆、編集の各段階でじつに有意義な御意見をいただきました。末尾にその旨を記して、御礼を申し上げたいと思います。

文献

発想の管理

・野口悠紀雄：『「超」整理法』中央公論社、１９９３

・野口悠紀雄：『続「超」整理法・時間編』中央公論社、１９９５

・エッカーマン著，山下肇訳：『ゲーテとの対話・上』、岩波書店、１９６８

・佐藤優：佐藤優の手帳テクニック全公開.『プレジデント』２０１５．８・３号、pp. 24-27、２０１５

・小林弘幸：『「３行日記」を書くと、なぜ健康になれるのか？』アスコム、２０１４

書類の管理

・野口悠紀雄：『「超」整理法』中央公論社、１９９３

・Kaplan HL, Saddock BJ（1995）：Psychiatric report. Kaplan HL（Ed.）：Comprehensive Textbook of Psychiatry. Williams & Wilkins, Baltimore. 2000.

時間の管理

・厚生労働省『生活習慣病予防のための健康情報サイト e-ヘルスネット』２０１３

・OECD：Gender Data Portal 2019, 2019.

・ＮＨＫ放送文化研究所：２００５年国民生活時間調査．ＮＨＫ放送文化研究所、２００６

・Kripke DF, Garfinkel L, Wingard DL. et al.: Mortality Associated With Sleep Duration and Insomnia. Arch Gen Psychiatry. 2002; 59(2): 131-136. doi: 10. 1001/archpsyc. 59. 2. 131

・Kaneita Y, Ohida T, Uchiyama M, et al.:The relationship between depression and sleep disturbances:A Japanese nationwaide general population survey. J Clin Psychiatry 67 : 196-203,2006

・Webb W & Dinges D（1989）: Cultural perspectives on napping and the siesta. In D. Dinges & R. Broughton（Eds.）, Sleep and Alertness: Chronobiological, behavioral and medical aspects of napping (pp.247-265), New York, NY: Raven Press.

- Chris Stringer; Robin McKie（1997）. African Exodus. The Origins of Modern Humanity. New York: Henry Holt. ISBN 0-8050-2759-9.（ストリンガー&マッキー著、河合訳：『出アフリカ記　人類の起源』岩波書店、２００１）
- 崎谷満：『新日本人の起源』勉誠出版、２００９
- Ekirch R: Sleep We Have Lost: Pre-Industrial Slumber in the British Isles, The American Historical Review, 2001.
- Yetsich G, Kaplan H, Gurven M et al.: . Natural sleep and its seasonal variations in three pre-industrial societies. Curr Biol. 2015 Nov 2; 25（21）:2862-2868. doi: 10.1016 / j.cub.2015.09.046. Epub 2015 Oct 17.
- 宮本常一：『故郷の生活』１９８６　講談社学術文庫　オリジナルは、１９５０年、朝日新聞社
- ロバート・C・ポーゼン著、関美和訳：『ハーバード式「超」効率仕事術』早川書房、２０１３年。Pozen RC: Extreme Productivity. Boost Your Results, Reduce Your Hours. Harper Collins Publishers,
- M. チクセントミハイ、大森弘訳　:『フロー体験とグッドビジネス－仕事と生きがい』世界思想社、Mihaly Cziksezentmihali: Good Business: Leadership, Flow, and the Making of Meaning. 2003
- 堀江貴文：『ゼロ　なにもない自分に小さなイチを足していく』ダイヤモンド社、２０１３
- 堀江貴文：『多動力』幻冬舎、２０１７
- 井原裕：『子どもの発達障害に薬はいらない』、青春出版、２０１８
- Eaton SB, Eaton SB 2003. An-evolutionary-perspective-on-human-physical-activity. Lifestyle. Comparative Biochemistry and Physiology Part A 136: 153-259.
- 弘兼憲史：『部長島耕作』講談社、東京、１９９５
- ポール・ヴァレリー著、清水徹訳：『ムッシュー・テスト』岩波文庫、２００４

精神科医が実践するデジタルに頼らない
効率高速仕事術

発行日　2019年　7月25日　第1刷

Author　井原裕

Illustrator　浅妻健司
Book Designer　カバー　石間淳　／　本文　玉造能之(DIGICAL)

Publication　株式会社ディスカヴァー・トゥエンティワン
〒102-0093　東京都千代田区平河町2-16-1 平河町森タワー11F
TEL　03-3237-8321（代表）03-3237-8345（営業）
FAX　03-3237-8323
http://www.d21.co.jp

Publisher　干場弓子
Editor　藤田浩芳　木下智尋

Marketing Group
Staff　清水達也　飯田智樹　佐藤昌幸　谷口奈緒美　蛯原昇　安永智洋　古矢薫
鍋田匠伴　佐竹祐哉　梅本翔太　榊原僚　廣内悠理　橋本莉奈　川島理　庄司知世
小木曽礼丈　越野志絵良　佐々木玲奈　高橋雛乃　佐藤淳基　志摩晃司
井上竜之介　小山怜那　斎藤悠人　三角真穂　宮田有利子

Productive Group
Staff　千葉正幸　原典宏　林秀樹　三谷祐一　大山聡子　大竹朝子　堀部直人　林拓馬
松石悠　渡辺基志　安永姫菜　谷中卓

Digital Group
Staff　伊東佑真　岡本典子　三輪真也　西川なつか　高良彰子　牧野類　倉田華
伊藤光太郎　阿奈美佳　早水真吾　榎本貴子　中澤泰宏

Global & Public Relations Group
Staff　郭迪　田中亜紀　杉田彰子　奥田千晶　連苑如　施華琴

Operations & Accounting Group
Staff　小関勝則　松原史与志　山中麻吏　小田孝文　福永友紀　井筒浩　小田木もも
池田望　福田章平　石光まゆ子

Assistant Staff
俵敬子　町田加奈子　丸山香織　井澤徳子　藤井多穂子　藤井かおり　葛目美枝子
伊藤香　鈴木洋子　石橋佐知子　伊藤由美　畑野衣見　宮崎陽子　並木楓
倉次みのり

Proofreader　文字工房燦光
DTP　戸塚みゆき（ISSHIKI）
Printing　日経印刷株式会社

ISBN978-4-7993-2538-4